사기,
각자도생을
논하다

사기, 각자도생各自圖生을 논하다

발행일: 초판 1쇄 2015년 8월 15일

편저자: 중국고전연구회
책임편집: 문은숙
경영지원: 안진희
펴낸이: 박진성

디자인: 엔드디자인
종이: 상산페이퍼
인쇄: 천일문화사
제책: 바다제책사

주소: 서울시 마포구 성산동 290-1 삼지빌딩 201호
전화: 02) 322-0640
팩스: 02) 322-0641
e-mail: seosubi@hanmail.net

ISBN 979-11-85025-14-8 03150
ISBN 979-11-85025-15-5 04150(세트)

* 북에디션은 생각을담는어린이 출판사의 성인단행본 브랜드입니다.

※ 책값은 뒤표지에 있습니다.
※ 잘못 만들어진 책은 구입하신 서점에서 교환하실 수 있습니다.

사기,
각자도생을
各 自 圖 生
논하다

중국고전연구회 편저

북에디션
BOOK
EDITION

《사기史記, 태사공서太史公書》는 한나라 무제 때 사관이었던 사마천이 평생을 공들여 저술한 동양 최고의 역사서이며, 세계 역사에 한 획을 그은 명저로 손꼽힌다. 그러나 이 책의 탄생 배경에는 참으로 가슴 아픈 사연이 담겨 있다.

대를 이어 사관으로 봉직하던 사마천은 부친인 사마담의 유언을 받들기로 했는데, 그건 자신이 마무리하지 못한 역사서를 완성시키라는 것이었다. 사마천은 젊은 시절부터 사관으로 활동하면서도 부친의 뜻을 이루기 위해 하루도 자신의 사명을 잊은 적이 없었다.

그러나 그의 삶을 송두리째 바꾸어놓은 사건이 일어났으니 바로 '이릉의 화'라고 일컬어지는 일이다.

이릉은 그 무렵 뛰어난 장수로, 북방의 골칫거리인 흉노족 공략에 나서 혁혁한 공을 세워 조정을 환희로 넘치게 만들었다. 그러나 중과부적으로 결국에는 패하여 흉노족의 포로가 되고

만다.

그러자 이릉을 불세출의 영웅으로 칭송하던 백관들은 돌연 태도를 바꾸어 그를 천하의 배신자라며 비난하기 시작했다. 황제의 비위를 맞추기 위함이었다. 그때 황제인 한무제가 사마천에게 의견을 물었고, 사마천은 소신껏 이릉을 변호하고 나섰다.

사마천의 소신 발언은 황제의 심경을 제대로 건드렸다. 황제는 부인인 이씨의 오빠 이광리 장군에게 공을 세울 기회를 주기 위해 애를 썼으나 별 전과를 올리지 못한 반면, 이릉은 많은 공을 세우고 있었다. 이러한 전력 때문에 이릉에 대해 예의주시하던 황제는 이릉의 항복을 빌미로 그를 깎아내리고자 했는데, 마침 그때 사마천이 반기를 든 꼴이 된 것이다.

그리하여 사마천은 선비로서는 차마 받아들일 수 없는 궁형(宮刑, 생식기를 거세하는 형벌)을 당하게 된다. 물론 돈이 많았다면 속전을 납부하고 사면을 받을 수 있었겠지만, 가난했던 사마천은 그럴 수도 없었다. 당시 선비의 신분으로 궁형의 치욕을 받느니 죽음을 맞이하는 것이 떳떳한 일이었다. 그러나 사마천에게는 부친의 유언을 실천에 옮겨야 하는 사명이 남아 있었다.

결국 사마천은 궁형으로 온갖 수모를 겪으면서도 살아남기로 결심했다. 사마천의 표현에 따르면, '하루에도 아홉 번이나 애가 끊어지는 듯하고, 치욕으로 땀이 등줄기를 흘러 옷을 적시지 않는 적이 없다'고 정신적 육체적 고통을 토로했다. 그런 중에도 좌절하지 않은 것은 부친의 유지를 이루기 위한 것이었다.

5

후에 황제인 한무제는 자신의 잘못을 깨닫고 사마천을 다시 복직시키려 했지만 이미 궁형을 받은 사마천이 맡을 수 있는 지위는 환관뿐이었다.

이렇게 완성된 《사기》는 그 전의 역사서와는 달리 천자로부터 비천한 도적에 이르기까지 역사를 구성하는 모든 존재를 담아내고 있다. 그 전까지 누구도 이루지 못한 업적을 역사에 남기게 된 것이다.

《사기》가 2천 년 가까운 시절을 지난 오늘날에도 불후의 역사서로 우리에게 다가오는 것은, 그 내면에 짐작할 수 없을 만큼의 깊은 고뇌와 시련을 담고 있기 때문이 아닐까.

자, 그럼 광활한 《사기》의 역사 속으로 들어가 보자.

③ 한漢나라 건국의 영웅들

·1·

진승, 오광의 난

참
새
가
어
찌
홍
곡
의
뜻
을
알
리
오

진秦나라 말, 전국은 혼란에 빠졌고 그 혼란에 불을 지핀 것은 진승陳勝과 오광吳廣이었다. 이들로부터 중국 역사에서는, 폭군에 저항해 반란을 일으킨 인물이라면 역사적으로 높이 평가하는 전통이 수립되었다. 그리고 진승은 그 첫 번째 인물이 되었다.

진승은 하남 양성 사람으로 자를 섭이라 했다. 오광은 하남 양하 사람으로 자는 숙이었다.

가진 것 없는 집에서 태어난 진승은 젊은 시절 소작농으로 일하거나 남의 집 머슴살이를 하며 살아가야 했다. 어느 날 주인집 밭에서 일하다가 밭둑에 나와 잠시 쉬고 있던 그는 함께 일하던 사람들을 향해 대뜸 이렇게 말했다.

"만약 출세하게 되면 옛 친구를 잊지 말자고!"

옆에 있던 사내가 이 말을 듣고 비웃었다.

"웃기는 소리 좀 하지 마. 머슴살이하는 주제에 출세는 무슨 출세야?"

이 말을 들은 진승은 탄식했다.

"참새가 어찌 홍곡(鴻鵠, 기러기와 따오기로 큰 인물을 가리킨다)의 큰 뜻을 알겠느냐."

진나라 2세 황제 원년 7월, 평소에는 부역에서 제외되던 빈민까지도 멀리 북방의 어양 땅으로 국경 경비를 위해 동원되었다.

9백 명에 이르는 일행이 어양으로 가는 도중 기현 부근의 대택향에서 야영을 하게 됐는데, 마침 큰 비가 내리기 시작했다. 그들 중에는 분대장 역할을 하던 진승과 오광도 있었다. 결국 큰 비로 길이 물에 잠겨 행군이 중지되었고, 그 사이 정해진 날짜도 지나가 기한 내에 어양에 도착하는 것이 불가능해지고 말았다.

기일 내에 도착하지 못한다면 모두가 처형당할 가능성이 매우 컸다. 그러자 진승과 오광은 이렇게 각오했다.

"국경까지 가도 늦었다고 탈영병 취급을 받아 죽을 것이다. 도망간다 해도 결국은 잡혀 죽을 것이다. 이 썩은 나라에 반란을 일으킨다 해도 죽는 것 외에 더 당할 일도 없다. 이래 죽으나

13

저래 죽으나 똑같이 죽을 바에야 온 나라를 뒤집어보고 죽는 것이 어떤가?"

그때 진승이 말했다.

"진나라의 폭정으로 인해 모든 백성이 고통스러워하고 있네. 2세 황제는 막내아들이어서 원래 제위를 계승할 수 없는 사람이었지. 사실 맏아들인 부소야말로 선제의 뒤를 이어받을 만한 인물이었다네. 그런데 부소는 선제에게 여러 차례 간언을 해서 변두리 국경 지대의 수비대로 쫓겨났다가 2세 황제가 즉위할 때 아무 죄도 없이 죽임을 당했다고 하더군. 세상 사람들은 모두 부소가 훌륭한 분이라는 것은 알고 있지만 그가 이미 처형됐다는 사실은 잘 모르는 것 같아.

이런 일은 초나라 장수였던 항연에게도 있었지. 그는 수차례 전공을 세웠고 부하를 아껴서 인기가 많았어. 그런데 초나라가 멸망한 뒤로는 행방불명이 되어 죽었다는 이도 있고 어디론가 도망가서 숨어 산다는 이도 있지. 우리가 부소와 항연이라 칭하고, 이곳 사람들을 이끌고 봉기하면 우리의 뜻에 함께하는 사람이 많을 걸세."

오광 또한 이 의견에 찬성을 표했다. 두 사람은 점쟁이를 찾아갔다. 이들의 야망을 알아차린 점쟁이는 이렇게 말했다.

"지금 모의하고 있는 일은 반드시 성공할 거요. 그러나 귀신의 의향을 잘 따라야만 성공할 수 있을 거요."

진승과 오광은 이 말에 용기를 얻었다. 그리고 '귀신의 의향'

이 무엇인지 곰곰이 생각하다가 다음과 같은 결론을 내렸다.

"귀신의 힘을 이용해 사람들을 복종하게 만들라는 뜻이다."

그들은 아무도 몰래 '진승왕'이라고 쓴 헝겊 조각을 그물에 걸린 물고기 뱃속에 넣었다. 한 병사가 이 물고기를 먹으려다가 물고기 뱃속에서 나온 헝겊을 보고 깜짝 놀랐다. 더구나 거기 쓰인 글은 너무나 기괴했다. 그 병사는 헝겊 조각을 다른 병사들과 돌려보며 수군거렸다.

진승과 오광은 또 따른 계략을 실천에 옮겼다. 주둔지 숲에 있는 사당 안에 오광이 숨어들어 가 밤에 장작불을 피워놓고 여우 목청을 흉내 내며 이렇게 외쳤다.

"초나라가 일어난다! 진승이 왕이다!"

이 소리를 들은 병사들은 밤새 무서워서 잠을 이루지 못했다. 그리고 날이 새면 모여들어 진승을 쳐다보며 쑥덕거렸다.

한편 오광은 평소 동료들을 위해서라면 늘 앞장서 궂은일을 해왔기에 병사들 대부분이 그의 뜻에 따르겠다고 나섰다. 이에 용기를 얻은 오광이 드디어 일을 벌이기로 결심했다.

병사들을 인솔하던 장위將尉 두 사람이 술에 취하자, 오광은 그들에게 다가가 도망치겠다고 소리쳤다. 일부러 장위들을 화나게 해 병사들의 저항을 이끌어내기 위한 계략이었다.

과연 장위 한 사람이 오광에게 매질을 가했다. 그러다가 장위의 칼이 뽑혀서 땅에 떨어지자 오광은 재빨리 그 칼을 집어들어 상대를 베어버렸다. 진승도 가세하여 다른 장위를 살해

15

했다. 그런 후 진승은 사람들을 불러 모으고 이렇게 부르짖었다.

"우리는 비 때문에 길이 막혀 어차피 도착할 기한을 지킬 수가 없다. 늦게 도착하면 모두 죽임을 당할 것이다. 처형당하지 않는다 해도 국경 경비에 배치되면 6, 7할 이상은 살아서 돌아오질 못한다. 사내대장부로 태어나 개죽음을 당할 바에야 이름이나 크게 떨쳐보는 것이 어떤가. 황제나 우리나 다 같은 인간인데 왕후와 장군, 재상의 씨가 따로 있는 것이란 말이냐?"

그러자 병사들은 모두 외쳤다.

"대찬성입니다! 명령을 받들겠소."

병사들의 동조에 고무된 진승과 오광은 자신들을 부소와 항연이라고 칭했다. 그런 다음 초나라 풍습에 따라 오른쪽 어깻죽지를 드러내고, 제단을 쌓아 장위의 목을 바쳤다. 그리고 그 앞에서 서약을 한 뒤, 국호를 '대초大楚'라 칭했다. 진승은 스스로 장군이 되고, 오광은 도위都尉가 되었다.

그들은 먼저 대택향을 공격하여 무기와 병력을 확보하고, 이어서 기현을 공격했다. 진승은 부리 사람 갈영에게 명하여 기현 동쪽의 질·찬·고·자·초현을 차례로 공격하게 했고 모두 점령했다. 진승의 군사는 진격하면서 점차 병력이 늘어 진陳 땅에 이를 즈음에는 병거가 6, 7백 대, 기병이 1천여 명, 병사가 수만 명에 이르는 막대한 세력이 되었다.

진陳을 공격하자 군수와 현령은 달아나버렸고, 겨우 부관만이 남아 대항하다가 곧 패하여 전사했다. 진승군은 이곳을 차지한 후 근거지로 삼았다.

며칠 후 진승은 그 지방의 삼로三老와 유력자들을 불러모은 후 그들의 의견을 들어보았다. 그러자 그들은 말했다.

"장군께서는 칼을 들어 천하의 무도를 토벌하고 폭정을 벌하고 초나라를 부흥시켰습니다. 그런 공적으로 보더라도 왕이 되시는 게 당연합니다."

이에 진승은 왕위에 올랐고, 국호를 '장초張楚'라 칭했다.

혼란에 빠진 중원

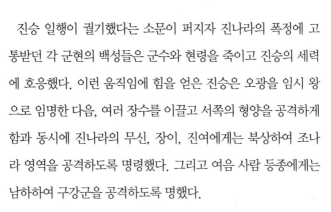

　진승 일행이 궐기했다는 소문이 퍼지자 진나라의 폭정에 고
통받던 각 군현의 백성들은 군수와 현령을 죽이고 진승의 세력
에 호응했다. 이런 움직임에 힘을 얻은 진승은 오광을 임시 왕
으로 임명한 다음, 여러 장수를 이끌고 서쪽의 형양을 공격하게
함과 동시에 진나라의 무신, 장이, 진여에게는 북상하여 조나
라 영역을 공격하도록 명령했다. 그리고 여음 사람 등종에게는
남하하여 구강군을 공격하도록 명했다.

　그 무렵 초나라 지방에서는 여기저기서 무수히 많은 사람이
봉기의 깃발을 들어 그 수를 헤아릴 수 없을 지경이었다. 진승
은 위나라 방면에는 그곳 출신인 주시를 파견하여 공격하게

했다.

한편 오광은 형양을 포위했으나 함락시킬 수는 없었다. 승상 이사의 아들 이유가 삼천군의 군수로 있으면서 공고히 방어했기 때문이었다. 진승은 주요 인물들을 모아 대책을 상의한 끝에 상채 사람 채사를 상주국으로 삼고 국가의 체제를 굳건히 했다.

그 무렵 주장이라는 어진 사람이 있었는데, 진陳나라에서 평판이 자자한 사람이었다. 그는 항연의 군중에서는 시일視日을 지냈고, 춘신군을 섬긴 일도 있었다.

그는 스스로 군사에 능통하다고 했기 때문에 진승은 그에게 장군의 인수를 부여하고 서쪽으로 진격하여 진秦나라를 공격하도록 명령했다. 주장이 행군하는 도중 병력은 점차 늘어나 함곡관에 이르렀을 때는 병거가 1천, 병졸이 수십만에 이르렀다. 그는 단숨에 함곡관을 돌파하여 희戱에 진을 치고 전투 준비를 했다.

그때 진秦나라에서는 소부 장한이 여산에 있는 죄수와 노예로 구성된 혼성 부대를 거느리고 와서 초나라 군사와 맞섰다. 이 싸움에서 주장의 군은 진나라 군에게 대패했다. 주장은 겨우 목숨만 부지한 채 함곡관을 빠져나와 조양에서 2, 3개월을 간신히 버텼으나 진나라 장한이 추격해오자 면지까지 쫓겨났다.

그러나 그곳에서도 10여 일간 장한이 이끄는 군의 맹공격을 받고 대패하고 말았다. 주장은 스스로 목을 찔러 자결했다. 이리하여 초나라 군대는 전의를 상실했다. 한편 조趙를 평정한 무신은 한단에 입성하고 나서 진승의 허락도 없이 스스로 조왕이 되었다. 그리고 진여를 대장군에, 장이와 소소를 좌우 승상에 임명했다.

이 소식에 격노한 진승은 무신 등의 가족을 체포하여 가두고 처벌하려고 했다. 그러자 상주국 채사가 말렸다.

"진秦나라를 아직 물리치지 못했는데, 조왕과 그 가족을 살해한다면 또 하나의 적을 만드는 것밖에 되지 않습니다. 차라리 이번 기회에 무신을 조왕으로 승인해주는 것이 나을 듯합니다."

채사의 말에 따라 진승은 사신을 보내 조왕의 즉위를 축하했다. 그리고 체포했던 무신의 가족을 궁중으로 옮기도록 해서 가까이 두었다. 또 장이의 아들 장오는 성도군成都君으로 봉했다.

이렇게 한 후 진승은 조왕 무신에게 함곡관으로 진격하도록 명령을 내렸다. 명령을 받은 조왕은 장병들과 머리를 맞대고 대책을 논의했다.

"조나라에 왕이 즉위한 것을 초나라에서는 좋아하지 않습니다. 초나라는 진秦나라를 멸망시킨 후 반드시 조나라를 공격할 계획을 세울 것입니다. 그렇다면 서쪽으로 진군하기보다는 북방으로 진출하여 연나라를 평정하여 영토를 확장하는 것이 오히려 나을 것입니다. 남쪽으로는 황하가 있고, 북쪽으로는 연과 대의 광대한 땅이 있으므로 비록 초나라가 진나라를 이긴다 하더라도 조나라를 제압할 수 없을 것입니다. 게다가 만일 진秦

나라를 이기지 못한다면 우리 조나라를 존중하는 수밖에 없습니다. 그뿐 아니라 진秦나라가 약해진 틈을 노려 우리가 천하를 차지할 수도 있습니다."

이 의견이 옳다고 생각한 조왕은 서쪽으로 진격하는 것을 중지하고 상곡의 졸사卒史 출신인 한광에게 많은 병사를 주어 북방의 연나라를 공격하게 했다. 그러자 연나라의 귀족과 유력자들이 한광에게 이렇게 청했다.

"초나라와 조나라에도 왕이 즉위했습니다. 비록 작기는 하지만 우리 연나라도 만승병거萬乘兵車의 나라입니다. 제발 장군께서 연나라 왕이 되십시오."

한광은 조나라에 어머니가 있어서 그렇게 할 수는 없다고 대답했다. 그러자 연나라의 세력자들이 말했다.

"걱정하지 마십시오. 지금 조나라는 서쪽으로는 진秦나라의 위협을 받고, 남쪽으로는 초나라의 위협을 받고 있습니다. 초나라는 강대한 세력을 가졌으면서도 조왕이나 그 장상의 가족을 해치지 못했습니다. 하물며 어찌 조나라가 장군의 가족을 해칠 수 있겠습니까?"

한광은 그 말이 옳다고 생각하여 연나라 왕에 올랐다. 과연 수개월 후 조나라에서는 한광의 어머니와 가족을 연나라로 보내주었다.

그 무렵 수많은 장수들이 병사들을 이끌고 앞다투어 각지를 공략하고 있었다. 주시는 북쪽으로 진격하여 적狄 땅에 진출했 21

다. 적 땅에서는 전담이 현령을 살해하고 스스로 제왕에 오른 후 주시의 군사에게 거센 반격을 가했다. 주시의 군사들은 패배하여 뿔뿔이 흩어져 위魏나라로 달아났다. 그들은 그곳에서 본래 위왕의 후손인 영릉군 구咎를 왕으로 세우려고 했다. 그러나 당시 영릉군 구는 진승과 함께 있어 위나라로 돌아올 수 없었다.

그동안에 주시는 위를 완전히 장악했다. 그러자 사람들은 주시를 위왕으로 세우려고 했지만 주시는 단호히 거절했다. 그 때문에 사자가 위나라와 진陳나라를 다섯 번이나 왕래했다. 결국 진승은 구를 위왕으로 세울 것을 허락하고 그를 위나라로 돌려보냈다. 그 후 주시는 위나라의 재상이 되었다.

진승과 오광의 최후

한편 오광의 부하 전장 등은 음모를 꾸미고 있었다.

"주장의 군사는 이미 패배해 흩어졌고, 우리는 아직도 형양성을 함락시키지 못하고 있다. 내일이라도 진秦나라 군대가 나타난다면 우리는 패배하고 말 것이다. 그러니 우선 형양을 포위할 병력만 남겨놓고 나머지 정병은 모두 진군을 맞이해 싸우는 데 대비해야 한다. 문제는 임시 왕인 오광이다. 그는 욕심만 많을 뿐 전법을 알지 못하니 우리의 말을 듣지 않을 것이다. 오광을 제거하지 않으면 우리 계획은 실패할지도 모른다."

이렇게 의견이 모이자 그들은 왕의 명령이라고 속여 오광을 살해하고 그 머리를 진승에게 바쳤다. 진승도 어쩔 수 없이 사신을 보내 전장에게 초나라 영윤令尹의 인수를 내리고 상장군에 임명했다.

전장은 이귀 등의 장수에게 형양성을 포위하도록 맡기고 자신은 정예 병사를 이끌고 오창에서 진나라 군사를 맞이하여 싸웠다. 그러나 그의 군대는 패했고, 자신도 전사했다.

장한이 이끄는 진秦나라 군사는 파죽지세로 진격을 계속했다. 형양성 밑에서는 그곳을 포위하고 있던 초나라 군을 격파하여, 이귀 등 여러 장수가 전사했다. 담에서는 양성 사람 등열의 군대가 주둔하고 있었는데, 장한이 그들 또한 격파해버렸다. 등열의 군사는 뿔뿔이 흩어져 진陳으로 도망갔다. 질 사람 오서의 부대는 허에 진을 치고 있었는데, 장한의 주력 부대는 이들 또한 격파했다. 오서군의 패잔병도 진陳 땅으로 도망쳤다. 화가 치민 진승은 등열을 죽여버렸다.

그런데 진승이 진왕으로 즉위했을 때, 동방에서는 능 사람 진가, 질 사람 동설, 부리 사람 주계석, 취로 사람 정포, 서 사람 정질 등이 각각 병사를 일으켜 동해군수 경을 담에서 포위했다. 진왕 승은 무평군 반을 장군으로 삼아 담성을 포위하고 있는 부대를 통솔하게 했다.

그러나 진가는 진왕의 명령을 따르지 않고 스스로 대사마가 되어, 무평군에게 지휘받기를 거부했다. 그는 부하에게 이렇게 명했다.

"피라미에 불과한 무평군은 군사를 알지 못하니 그의 명령에 절대 복종하지 말라.”

게다가 후에 그는 왕명을 사칭해서 무평군을 아예 없애버렸다. 장한은 오서의 군사를 격파한 후, 진陳을 본격적으로 공격했고 그 결과 초나라 재상 채사가 전사했다. 다시 장한은 진 서쪽에 포진한 장하의 부대를 공격했다. 이 싸움에서는 진왕도 직접 군사를 거느리고 싸웠지만 전세는 이미 기울어 장하까지 전사하고 말았다.

12월에 접어들자, 진왕은 더 이상 버티기 어려운 상태가 되었다. 어쩔 수 없이 진왕은 여음으로 피했다가 다시 하성보까지 퇴각했다. 그러자 그의 시종인 장가라는 자가 진왕을 살해하고 진秦나라에 투항했다. 진왕은 탕에 매장되고 은왕이라 추증되었다.

그 후 진왕의 시종으로 장군이 된 여신이 창두군을 조직하여 신양에서 봉기했는데, 이들은 진陳을 공격해 함락시키고 장가를 살해한 후 다시 진陳 초국楚國이라 칭했다.

진승이 처음 진陳에 입성했을 때, 질 사람 송류에게 군사를 이끌고 남양을 평정한 후 무관으로 진격할 것을 명령했다. 송류는 명령대로 남양을 점령했지만 이때 진승이 죽었다는 소식을 들었고 그 틈을 타 진秦나라는 남양을 다시 점령했다.

갑작스러운 상황 변화를 맞아 무관으로 진격하는 것을 포기한 송류는 군사를 동쪽으로 되돌려 신채까지 갔다. 여기서 진秦

25

나라 군과 마주치자 송류는 군대를 이끌고 항복하고 말았다. 진나라는 송류를 함양에 급히 압송한 후 거열형에 처해 반란군의 말로가 어떠한지 본보기로 삼았다.

한편 원래부터 진승에게 불복했던 진가 등은 진승의 군대가 패했다는 소식을 듣자 즉시 경구를 초왕으로 세웠으며, 군대를 이끌고 방여로 진군하여 정도성 밖에서 진나라 군을 공격하려 했다. 진격하기 전에 그는 공손경을 제나라 왕 전담에게 보내 함께 진陳나라를 공격하자고 제의했다. 그러나 제왕은 이를 거부했다.

"진왕이 패했다는 소식은 들었지만 아직 생사는 확실치 않소. 그런데 어찌 초나라가 마음대로 새로운 왕을 세울 수 있단 말이오?"

이에 공손경이 반박하고 나섰다.

"그렇게 말씀하신다면 제나라는 왜 초나라의 지시를 받지 않고 왕을 세웠습니까? 초나라에서 새로운 왕을 세우는 데 어째서 제나라 왕에게 사전에 양해를 구해야 합니까? 게다가 최초로 군사를 일으킨 것은 초나라였습니다. 그런 초나라가 천하를 호령하는 것은 당연합니다."

이 말에 격노한 제나라 왕은 공손경을 죽여버렸다. 그 후 진秦나라 좌우左右 교위는 군사를 이끌고 장군 여신이 탈환한 진陳으로 다시 쳐들어와서 성을 함락시켰다. 여신은 패하여 도주했다가 다시 병력을 수습했다.

파에서는 당양군 경포가 여신의 군대에 합류하여 다시 진陳나라 군에게 반격을 가해, 청파에서 진陳나라 군을 격파하고 또 한 번 초나라를 세웠다.

이때 원래 초나라 왕이었던 회왕의 손자 심을 왕으로 옹립했는데, 이를 주선한 사람이 항우의 숙부 항량이었다.

진승이 왕위에 있었던 것은 겨우 6개월 정도였다. 그가 왕이 되어 진현에서 군림할 때 있었던 일이다. 진승이 머슴살이를 할 때 함께 일하던 친구 하나가 진승이 왕이 되었다는 소식을 전해 듣고는 진陳나라까지 찾아왔다. 그 사나이는 궁성의 문을 두드리면서 말했다.

"섭(진승)을 만나려 하오."

이에 수문장은 "웬 놈이냐?" 하고 다그치며 그를 결박하려고 했다. 그 사나이가 진승과 자신의 관계를 열심히 설명하자 수문장은 그를 풀어주었다. 하지만 진왕과 만나도록 알선하지는 않았다.

사나이는 진왕이 밖으로 나오기를 기다렸다가 결국 뜻을 이루었다. 그는 진왕이 나오자 "섭!" 하고 불렀다. 진왕은 그를 알아보고 자기의 수레에 태워 궁중 안으로 데려갔다. 궁에 처음 와본 그 사나이는 눈을 크게 뜨고 이렇게 소리쳤다.

"정말 엄청나구나! 섭도 출세했어. 이 집은 대체 어디가 끝인 거야?"

그때부터 그 사내는 궁중에 드나들며 방자한 행동을 일삼고,

27

아무에게나 진승의 예전 이야기를 떠들어댔다. 이 사실을 알게 된 한 사람이 이렇게 진언했다.

"그 시골 사람은 너무 무지합니다. 아무 말이나 마구 지껄이면서 왕의 위엄을 해치고 있습니다."

진왕은 결국 그 사나이를 처형할 수밖에 없었다. 그러자 진왕의 옛날 친구들은 모두 궁중을 떠났고, 진왕은 더욱 외로운 처지가 되었다.

한편 진왕은 신하들의 잘못을 감찰하기 위해 주방과 호무라는 두 사람을 각각 중정中正과 사과司過에 임명했다. 주방과 호무는 무슨 일이든지 가혹할 만큼 엄격하게 감찰했고, 그것이 충성이라고 생각했다. 그래서 장수가 적지를 평정하고 돌아왔는데도 진왕의 명령대로 평정하지 않으면 죄인으로 몰아 결박하려고 덤벼들었다.

두 사람과 사이가 안 좋은 상대인 경우에는 부하에게 맡기지 않고 자신이 나서서 심문을 가했다. 진왕은 그들을 무조건 신임했기 때문에 여러 장군들은 자연히 진왕과의 정신적인 유대가 멀어지고 말았다. 이것이 바로 진왕이 실패한 가장 큰 이유였다.

비록 진왕은 실패했으나, 그가 임명하여 각지에 파견한 주요 장수들은 마침내 진나라를 멸망시켰다. 그러나 진승에 의해 반란이 시작되었기에 진나라가 멸망하는 데 단서를 제공한 사람은 역시 진승 자신이었다.

훗날 혼란기를 극복하고 한나라를 건국한 고조高祖는 진승의

제사를 위해 묘지기 30가구를 탕에 두도록 명했다. 지금도 그
묘에는 제물이 바쳐지고 있다.

· 2 ·

항우와 유방,
천하를 다투다

타고난 영웅, 항우

진승과 오광이 사라진 후에도 전국은 혼란에서 벗어나지 못했다. 아니 벗어나기는커녕 오히려 더 큰 혼란 속으로 빠져들고 있었다. 진秦나라는 이미 허울뿐이었고, 전국 각지에서는 무수히 많은 인물들이 각기 지도자임을 내세우며 봉기했다. 그 많은 인물들 가운데 대표가 항우項羽와 유방劉邦이었다.

두 사람은 천하를 놓고 다툰 끝에 유방이 최종적으로 승리를 거두었고, 한漢나라를 건국하기에 이른다. 지금부터는 항우와 유방이 천하를 두고 다툰 경과를 살펴보기로 한다. 이 내용은 워낙 방대해 《초한지》라는 책으로 출간되기도 했으니, 초楚는 항우, 한漢은 유방이 근거로 삼은 지역이자 나라를 뜻한다.

항우는 하상현 출신으로 본명은 적籍, 자는 우羽라고 했다. 그가 처음 군사를 모아 봉기한 때는 스물네 살 무렵이었다. 항우는 막내 숙부인 항량의 영향을 받으며 성장했다. 항량의 부친은 초나라 장수 항연으로 진秦나라의 명장 왕전과 싸우다 전사한 인물이다. 항項씨는 대대로 초나라의 장군을 지낸 집안으로, 항 땅에 영지가 있었으므로 항씨라 했다.

항우는 어릴 때 글공부를 배웠지만 썩 뛰어나지 못했다. 그래서 숙부가 검술을 가르쳤으나 역시 신통치 못했다. 이에 숙부가 항우를 꾸중했는데 항우는 태연히 말했다.

"글공부 따위는 제 이름을 기록할 정도면 족합니다. 검술이란 한 사람만을 대적할 수 있는 것이니, 검술을 배워봤자 무슨 소용이 있겠습니까? 이왕이면 만인을 상대로 싸우는 법을 배우고 싶습니다."

이 말을 들은 항량이 이번에는 병법을 가르쳐보았다. 항우는 처음에는 신나서 공부에 몰두했지만 오래가지는 않았다. 병법 또한 요점만을 배우더니 이내 집어치우고 말았다.

항량은 일찍이 역양현에서 한 사건에 연루되어 갇힌 적이 있었다. 그때 기현의 옥리獄吏인 조구에게 부탁하여 역양현의 옥리 사마흔의 도움을 받아 무사할 수 있었다. 항량은 그 후 사람을 죽여 쫓기는 몸이 되자 조카를 데리고 오중으로 갔다.

오중에서 지내는 동안 그 지방 유력자들이 항량의 사람됨과 능력을 알아보고는 그를 지도자로 받들게 되었다. 그래서 마을에 큰 공사를 하거나 상을 치를 때면, 사람들은 늘 항량에게 일을 주관하게 했다. 그러면 항량은 병법에 나오는 이론을 도입해 유력자들의 식객이나 자제를 요소요소에 배치하고 남몰래 그들의 재능을 살폈다.

한편 진시황제가 회계군을 순행하면서 절강을 건널 때의 일이다. 항량은 조카 항우와 함께 그 모습을 지켜보았다. 그런데 항우가 이렇게 말하는 게 아닌가.

"곧 내가 저 자리를 대신하게 될 것입니다."

이 말을 들은 항량은 깜짝 놀라 조카의 입을 막았다.

"함부로 말하지 마라. 삼족이 멸하게 된다."

그러나 항량은 이 일을 계기로 조카가 범상치 않다는 사실을 알게 되었다. 그 무렵 항우는 키가 8자가 넘었고, 힘은 커다란 무쇠 솥을 가볍게 들어 올릴 만큼 세며, 재능도 뛰어나 이미 오중의 자제들이 그를 두려워하고 있었다.

항량, 초나라의 뒤를 잇다

진陳나라 2세 황제 원년 7월, 진승을 중심으로 한 일당이 대택향에서 반란을 일으켰다. 그로부터 두 달 후인 9월, 회계의 군수 은통이 항량에게 이렇게 말했다.

"반란군이 장강의 서북 일대에 퍼져 있소. 내 판단에 진나라는 곧 멸망할 것이오. 그러니 이 기회를 놓칠 수 없소. 내가 선수를 치면 상대를 제압할 수 있지만, 머뭇거리면 제압당한다고 들었소. 이 기회에 나도 군대를 일으킬 작정이오. 그대와 환초가 내 막하로 들어왔으면 하는데 어떻소?"

그 무렵 환초는 소택 지대에 은둔해 있었다. 이에 항량은 다음과 같은 계략을 내놓았다.

"환초는 도망 다니는 중이라 어디 있는지 알 수가 없습니다. 다행히 제 조카는 그가 있는 곳을 알고 있습니다."

그러고 나서 즉시 밖으로 나온 항량은 조카 항우를 불러 귓속말을 했다. 그러자 항우는 검을 가지고 군청 밖에서 기다렸다. 항량은 다시 안으로 들어가 군수에게 말했다.

"제 조카를 불러서 환초를 찾아오도록 명하시지요."

이에 군수가 말했다.

"좋소. 불러들이시오."

말이 끝나기가 무섭게 항량이 항우를 불러들였다. 잠시 후 항량이 항우에게 '해치워버려라!' 눈짓을 했다. 이에 항우가 검을 뽑아 군수의 목을 베었다. 항량은 군수의 목을 든 채 그의 인수印綬를 차고 관리들 앞에 나타났다. 그러자 군청 안은 순식간에 아수라장이 되었다. 항우는 사람들 속으로 뛰어들어 수십 명을 죽였다. 관리들은 너무 놀란 나머지 두 사람 앞에 꿇어 엎드려 일어나지 못했다.

군청을 장악한 뒤, 항량은 고을의 유력자들을 모아서 거사를 일으킨 뜻을 설명하고 협력을 청했다. 항량의 인물됨을 익히 알고 있던 유력자들은 그의 뜻에 따르기로 했다. 항량과 항우는 그렇게 오중의 병력을 장악하여 반란을 일으켰다. 그리고 각지에 사람을 보내서 각 현을 다스리게 했고 곧 정예병 8천을 얻을 수 있었다. 이어서 항량은 점찍어두었던 오중의 호걸들을 교위校尉, 후侯, 사마司馬 등의 직위에 등용했다.

그때 호걸로 이름이 난 한 사람이 등용되지 않았다. 그가 자신을 등용하지 않는 이유를 묻자 항량은 명확하게 그 까닭을 설명했다.

"예전에 그대에게 한 사람의 장례를 맡겼는데, 그대는 그 일을 잘 처리하지 못했소. 그래서 그대를 등용하지 않을 것이오."

그때부터 항량에게 불평하는 사람이 한 명도 없게 되었다.

항량은 회계군會稽郡의 군수가 되고, 항우는 부장이 되어 관할 현을 다스렸다. 이 무렵 광릉에서 소평이 진승에게 호응하여 군사를 일으켰다. 그런데 광릉을 함락시키기도 전에 진승이 이미 패했다는 소식이 전해졌다. 게다가 진나라 군대가 소평을 공격하기 위해 근처까지 왔다는 것이 아닌가. 소평은 계획을 바꾸어 장강을 건너 항량에게 달려왔다. 그는 자신을 진승의 사신이라고 속이고 항량을 초나라의 상주국(재상)으로 봉했다. 그리고 이렇게 전했다.

"장강의 동부 일대는 이미 평정되었으니, 급히 군대를 이끌고 서쪽으로 가서 진나라를 토벌하시오!"

항량은 군사 8천을 거느리고 장강을 건너 서쪽으로 갔다. 그런데 도중에 또 다른 소식이 전해졌다. 진영을 지도자로 하는 청년들이 동양현을 함락시켰다는 것이다. 항량은 곧 사신을 보내, 함께 연합해서 서쪽으로 진격하자고 했다.

진영은 본래 동양현의 하급 관리에 불과했지만 평소 성실하고 겸허하여 두터운 신망을 얻고 있었다. 그 무렵 동양현의 젊

37

은이들이 현령을 죽인 후 반란을 일으키고는 지도자를 뽑으려 했으나 마땅한 사람이 없었다. 결국 신망이 높은 진영을 지도자로 받들고자 했다. 진영은 사양했지만 청년들이 무작정 옹립해 지도자가 되었다. 그러자 현의 반란군은 2만 명으로 늘어났다. 이렇게 모인 젊은이들은 진영을 왕으로 세우고자 했다. 그리고 푸른 천의 모자를 쓴 창두군을 편성했다. 하지만 진영의 어머니가 반대하고 나섰다.

"우리 집안은 너도 알다시피 보잘것없는 가문이다. 조상 중에 출세하여 높은 지위에 오른 분이 한 사람이나 있더냐. 내가 이 가문으로 시집온 이래 그런 이야기를 들어본 적이 없다. 그런데 지금 네가 갑자기 왕위에 오르다니 말도 안 되는 소리다. 우리는 남의 밑에서 일해야 하는 신분이다. 그러다가 그분이 천하를 얻으면 너도 제후의 자리를 얻을 것이고, 만일 거사가 실패하더라도 책임을 면할 수 있다. 그러니 네 분수를 지키도록 해라."

어머니의 말에 마음이 흔들린 진영은 왕위에 오르기를 거부했다. 그리고 진영은 창두군을 향해 말했다.

"항씨는 대대로 장군으로, 초나라에서도 유명한 집안이오. 지금 대사를 일으키려고 한다면 항씨를 받들지 않으면 안 될 것이오. 진나라를 멸망시키려고 한다면 명문가의 인물을 지도자로 세우는 것이 급선무요."

이 말을 들은 청년들은 항량의 지휘를 받기로 했다.

항량이 이끄는 서정군이 회하를 건너자, 그 무렵 반진反秦 세력의 장군이었던 경포와 포장군도 항량 휘하로 들어왔다. 이리하여 총 6, 7만으로 늘어난 대군이 하비에 진을 쳤다.

이때 역시 진나라에 반기를 든 진가가 경구를 초왕으로 세우고 팽성현 동쪽에 진을 치고 있었다. 한편 진가는 항량이 이끄는 군대의 진로를 막으려고 했다. 그러자 항량은 군관들을 소집해 말했다.

"진왕陳王이 진秦나라에 반대하여 가장 먼저 봉기했으나 불행히도 싸움에 패하여 지금은 행방조차 알 수 없는 몸이 되었다. 진가는 진왕陳王을 배반하고 경구를 왕으로 세웠으니, 대역무도한 일이 아닐 수 없다."

이렇게 말한 항량은 즉시 진군하여 진가를 공격했다. 이 싸움에서 패한 진가는 호릉으로 피했다가 반격을 꾀했지만 하루 만에 전사했다. 그러자 진가의 군대는 항량에게 투항했다. 경구는 간신히 도망쳐서 목숨을 부지하기는 했으나 결국 양나라에서 죽었다.

항량은 투항한 진가의 군대마저 휘하로 병합하고 호릉에 진을 쳤다. 그런 후 서쪽으로 진격할 예정이었는데 진나라 장군 장한이 율현까지 진격해왔다.

항량은 부장 주계석과 여번군을 내세워 싸우게 했다. 그러나 여번군은 전사하고 주계석의 부대도 진나라 군대에 패하여 호릉으로 도주해왔다. 항량은 동쪽의 설 땅으로 퇴각하여 그곳에서 주계석을 처형했다.

그 일이 있기 전 항량은 조카 항우에게 양성현을 공격하라고
명한 바 있었다. 그런데 양성현의 수비가 의외로 튼튼해 쉽게
함락시킬 수가 없었다. 간신히 성을 함락시킨 뒤 항우는 그 보
복으로 적병을 모조리 산 채로 땅에 묻어버리고 돌아와 항량에
게 보고했다.

항량은 진왕이 확실히 죽었다는 정보를 접하고는 각 지대의
부장들을 설현으로 소집하여 대책을 논의했다. 이때 유방도 참
가했다. 유방은 그 무렵 패공沛公으로 불리고 있었는데, 그 까닭
은 설현에서 가까운 패현에서 봉기했기 때문이었다.

그 무렵 거소 출신인 범증范增이라는 사람이 있었다. 나이가
70세였는데 단 한 번도 벼슬을 하지 않은 인물이었지만 남의
허를 찌르는 계책이 뛰어난 사람이었다. 그가 항량을 찾아와서
설득했다.

"제가 보기에 진승의 패배는 당연한 것입니다. 사실 진나라가
멸망시킨 6개국 중에서 가장 불쌍하게 당한 왕이 초나라 왕이
었습니다. 별다른 적대 행위도 하지 않았는데 진나라는 회왕을
가두고 평생 귀국하지 못하게 했습니다. 그래서 초나라 사람들
은 오늘날까지도 회왕을 가련하게 여기고 있습니다. 그런 까닭
에 초나라의 예언가 남공은 '초나라에 비록 세 집밖에 남지 않
는다고 할지라도 진나라를 없앨 나라는 초나라다'라고 말할 정

도였습니다.

　진승은 가장 먼저 봉기하여 반진反秦 대열의 선수를 잡았으면서도 초나라 왕의 자손을 세우지 않고 스스로 왕이 되었습니다. 그래서 그의 세력이 오래가지 않은 것입니다. 귀하가 강동에서 군사를 일으키자, 초나라 각지에서 장수들이 다투어 몰려왔습니다. 그 까닭은 귀하가 초나라 대대로 장군을 지낸 집안에서 태어난 사람이어서 초나라의 왕가王家를 재건하리라 생각하기 때문입니다. 장군께서는 이 점을 잊지 마십시오.”

　항량은 그 말을 받아들여 시골에서 양치기 일을 하고 있던 회왕의 손자 심을 찾아내 왕으로 세우고, 회왕이라는 칭호를 이어받게 했다. 세상 사람들의 기대에 부응한 행동이었다. 그리고 진영을 재상으로 삼고 영지로 5개 현을 주어, 회왕과 함께 우이에 도읍을 정하도록 했다. 항량은 이때부터 스스로를 무신군武信君이라 칭했다.

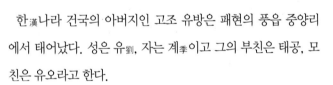

한나라 시조,
유방의 출발

한漢나라 건국의 아버지인 고조 유방은 패현의 풍읍 중양리
에서 태어났다. 성은 유劉, 자는 계季이고 그의 부친은 태공, 모
친은 유오라고 한다.

고조의 출생에는 다음과 같은 일화가 전해온다. 어느 날 고조
의 모친이 큰 호숫가에서 쉬고 있다가 잠시 잠이 들었는데, 용
신龍神을 만난 꿈을 꾸었다. 이때 호수 주변에서 천둥 번개가 치
고 어두워졌다. 깜짝 놀란 남편 태공이 달려가 보니, 부인이 머
물고 있는 근처 하늘에서 교룡이 꿈틀거리고 있었다. 그렇게 하
여 잉태된 사람이 고조였다.

고조는 태어날 때부터 코가 높았고, 얼굴 모습이 용을 닮았으

며, 왼쪽 넓적다리에는 72개의 점이 있었다. 그는 친구 사귀기를 좋아했고 대범한 성격이었다. 항상 여유 있게 행동했으며, 먹고사는 일에 얽매이는 법도 없었다.

서른 살 때 관리에 등용되어 사수의 정장亭長에 임명되었으나 관청 일에는 관심이 없었고, 동료나 상사들 또한 가벼이 대했다. 반면에 술과 여자를 좋아해서 왕 노파네 술집이나 무 노파네 술집에서 외상으로 술을 마시곤 했다.

그는 술에 취하면 그 자리에서 드러누워 잠을 자곤 했다. 그런데 그럴 때마다 용이 나타났다. 무 노파나 왕 노파는 그 모습을 보고 이상하게 여겼다. 그뿐만이 아니라 고조가 앉아 술을 마시면 그날은 매상이 몇 배씩이나 높게 올랐다. 그래서 두 술집에서는 월말이면 고조에게 외상값을 받지 않고 외상 장부를 찢어버렸다.

그런 고조가 일찍이 함양에서 부역하고 있을 때, 마침 시황제의 행렬을 구경할 기회가 생겼는데, 이때 고조는 길게 탄식하며 말했다.

"아! 사내로 태어났으니 한 번쯤 저렇게 살아야 하는데……."

그 무렵 선보에 사는 여공은 패현의 현령과 가까운 사이였다. 원수에게 쫓기는 몸이 된 여공은 현령을 찾아 패현으로 왔다. 패현의 유력자들과 관리들은 현령의 귀한 손님이 와 있다는 소식을 듣고 인사를 하러 왔다. 이때 하급 관리였던 소하가 하객들이 진상하는 물건들을 접수하며 이렇게 말했다.

"진상품이 1천 전 미만인 분은 아래쪽에 앉으십시오."

그때 고조는 일개 정장에 불과했지만, 평소부터 관리 따위는 우습게 여기고 있었다. 이때도 고조는 한 푼도 지참하지 않았으면서도 명함에다 '하례금 1만 냥'이라고 써넣었다. 명함을 전해 받은 여공은 크게 놀라서 자리에서 일어나 문 앞에서 맞이했다. 여공은 관상학에 조예가 깊었는데, 고조의 용모를 보더니 태도를 바꾸어 정중하게 안으로 모셨다. 그러자 소하가 옆에서 귀띔했다.

"저 사람은 허풍쟁이입니다. 그가 쓴 말은 믿을 만한 것이 아닙니다."

그러나 고조는 태연히 상좌에 가서 앉았다. 이윽고 술자리가 끝나갈 무렵, 여공은 고조에게 자리에 남으라는 눈짓을 보냈다. 연회가 끝나 모두 돌아가고 고조가 혼자서 술을 마시고 있을 때, 여공이 손님들을 배웅하고 돌아왔다. 그러고는 다음과 같이 말했다.

"저는 어릴 때부터 관상 보기를 좋아하여 많은 사람의 관상을 보았습니다만 당신 같은 관상은 처음입니다. 당신은 귀한 몸이니 자중하시길 바랍니다. 마침 저에게 딸이 있는데 종으로라도 삼으십시오. 어떻습니까?"

이 말을 들은 여공의 부인이 나중에 크게 화를 냈다.

"영감! 영감은 늘 딸을 귀여워하셨지요. 그래서 지체 높은 사람에게 시집을 보내려 했잖아요. 우리가 지금 은혜를 입고 있는 현령이 딸을 달라고 했을 때도 주지 않더니, 어찌 그런 사내에게 주겠다고 하십니까?"

그러자 여공이 크게 소리쳤다.

"아녀자들이 알 바가 아니오!"

여공은 고집을 꺾지 않고 결국 딸을 고조에게 시집보냈는데, 이 딸이 훗날 효혜제와 노원공주를 낳은 여후呂后이다.

고조가 아직 정장으로 있을 무렵, 휴가를 내고 집에 갔다. 그날 여후는 두 아이를 데리고 논에서 김을 매고 있었다. 그때 지나가던 한 노인이 옆으로 와서 물을 청했다. 여후는 가엾게 여기고는 먹을 것을 대접했다. 그러자 노인은 여후의 관상을 천천히 살피고는 이렇게 말했다.

"부인은 천하의 귀인이 되실 상입니다."

기분이 좋아진 여후가 아이들의 관상을 보이자 노인은 먼저 훗날 효혜제가 될 아들을 살피고는 말했다.

"부인이 귀하게 되시는 것은 아들 덕분입니다."

노원공주가 될 딸의 상을 보고도 역시 귀인의 상이라고 했다. 그런 후 노인은 떠났다. 이때 마침 고조가 본채에 딸린 작은 집에서 나오자 여후는 노인이 했던 말을 자세히 전했다. 말을 전해 들은 고조가 물었다.

"그 노인 지금 어디 갔소?"

"아직 멀리 가지 못했을 거예요."

고조는 부랴부랴 노인의 뒤를 쫓아가서 자기의 관상은 어떤지 물었다.

"부인이나 자제 분들은 모두 당신의 그늘이었군요. 당신은 말로 표현할 수 없을 정도로 귀한 상이올시다."

"정말 노인의 말씀대로라면 언젠가 반드시 사례하겠습니다."

고조는 노인에게 감사하며 헤어졌다. 훗날 고조가 비로소 천자天子가 되었을 때 사례를 하기 위해 노인을 찾았지만 행방을 알 수 없었다.

한편 진나라가 대규모 공사를 일으키자, 고조는 현의 명령을 받아 죄수들을 여산까지 인솔하게 되었다. 그런데 많은 죄수들이 가는 도중에 도망쳐버렸다. 고조는 이런 식이라면 여산에 도착하기 전에 한 놈도 남지 않을 것이라고 생각했다. 그렇게 판단한 고조는 풍읍 서쪽 늪지대에 이르러 가던 길을 멈추더니, 그 자리에 앉아 술을 마시기 시작했다. 그러다가 밤이 되자 죄수를 모두 풀어주며 이렇게 말했다.

"너희들은 어디로든 가도 좋다. 나도 이제 여기서 도망칠 것이다."

그러자 죄수들 중에서 젊은 10여 명이 그 자리에 남아 고조를 따르겠다고 다짐했다. 고조는 그날 밤 술에 취한 채, 늪지대의 작은 길을 행군하면서 부하 한 사람을 시켜 길을 살피게 했다. 그러자 그가 되돌아와서 당황한 기색으로 보고했다.

"앞에 큰 뱀이 길을 막고 똬리를 틀고 있습니다. 되돌아가는

게 낫겠습니다."

그러나 고조는 술에 만취되어 큰소리를 칠 뿐이었다.

"장사가 가는 길인데 그까짓 뱀 한 마리 때문에 물러서다니!"

그리고는 거침없이 앞장서 가더니, 칼을 뽑아 뱀을 두 동강내 버렸다. 다시 몇 리 길을 걸은 고조는 취기 때문에 더 이상 걷지 못하고 길가에 누워 곯아떨어졌다. 그때 뒤처져서 오던 부하가 뱀이 죽은 곳에 이르렀을 때, 한 노파가 어둠 속에서 통곡하고 있었다.

"할머니, 왜 울고 있소?"

그 남자가 묻자 노파가 대답했다.

"어떤 사람이 내 아들을 죽였다오."

"어떻게 죽었는데요?"

"내 아들은 백제白帝의 자식이라오. 뱀으로 변신하여 길을 막고 있었는데, 적제赤帝의 아들이 나타나서 칼로 두 동강을 내버렸소. 그래서 울고 있다오."

사내는 노파가 자기를 놀리는 것이라고 생각하고 채찍으로 후려치려고 했다. 그 순간 노파는 연기처럼 사라졌다. 고조는 부하가 달려오는 소리를 듣고 잠에서 깨어났다. 부하가 방금 있었던 일을 이야기하자 고조는, 자신이 진秦나라를 토벌할 사람이라는 신의 계시로 여기고는 기뻐했다.

이런 괴이한 사건이 있은 뒤, 부하들은 고조를 더욱 공경하고 따르게 되었다. 그 무렵 진나라 조정에는 이런 소문이 퍼지고 있었다.

"동남쪽에 천자의 기운이 있다."

진시황제는 이 말에 신경이 쓰여 동쪽으로 가서 그 기운을 진압하고자 했다. 고조는 자기에게 관계된 일이 아닐까 걱정하여 망산과 탕산 사이의 험한 산악 지대로 도망쳐서 숨었다. 그리고 자신이 숨은 장소를 아무에게도 알려주지 않았는데도 고조의 아내 여후는 쉽게 그가 숨은 곳을 찾아오는 것이었다. 깜짝 놀란 고조가 물었다.

"내가 있는 곳을 어떻게 찾아냈소?"

그러자 여후가 말했다.

"당신이 있는 곳에는 항상 구름에 상서로운 기운이 감돌고 있습니다. 그래서 쉽게 찾을 수 있어요."

고조는 크게 기뻐했다. 이 이야기가 전해지자, 패현의 젊은이들 중에 고조의 부하가 되려는 자가 더욱 많아졌다.

유방, 반란군의 지도자에 오르다

진나라 2세 황제 원년(기원전 209년) 가을, 진승을 중심으로 한 일당이 봉기했다. 진승은 진陳을 점령한 다음 스스로 왕이라 칭하고 국호를 '장초張楚'라 했다.

그러자 여러 현에서 현령이나 관리를 죽이고 진승에게 호응하는 자가 많아졌다. 패현의 현령은 자신도 진승처럼 봉기하리라 다짐했다.

"이왕 봉기를 할 바에야 진승이 있는 기현까지 갈 것이 아니라 이곳 패현에서 봉기한 후 그쪽과 연락을 취합시다."

이렇게 결정한 현령은 측근들에게 의사를 타진해보았다. 그런데 소하와 조참이 난색을 표했다.

"현령께서는 진나라의 관리이십니다. 그런 현령께서 진나라에 반기를 들면 패현의 젊은이들이 따를지 의문입니다. 차라리 패현 밖으로 추방했던 사람들을 불러모으는 것이 어떻습니까? 그러면 수백 명을 쉽게 모을 수 있을 겁니다. 그들을 이용해 분위기를 조성하면 패현의 젊은이들도 따를 것입니다."

현령은 이 의견에 따라 부하인 번쾌를 시켜 고조를 불러오게 했다. 그 무렵 고조는 이미 백 명에 가까운 부하들을 거느리고 있었다. 이를 본 번쾌는 자기도 그 무리에 들어간 다음 고조 일행과 함께 패현으로 돌아왔다.

그러나 현령은 고조 일행을 보고는 이내 후회했다. 그들이 반란을 일으킬까 봐 걱정되었던 것이다. 그들이 반란을 일으키면 덕을 보기는커녕 자신의 목숨마저 날아갈 판이었다. 현령은 재빨리 성문을 닫아버렸고, 동시에 고조를 데려오라고 건의한 소하와 조참까지 없애버리고자 했다. 그러나 이를 눈치챈 소하와 조참은 성을 빠져나와 고조에게 투항했다. 고조는 마을 장로들에게 글을 쓴 다음 이를 화살에 꽂아 성 안으로 쏘아 보냈다.

'우리는 오랫동안 진秦나라의 학정에 고통을 받았습니다. 지금 여러분께서 현령을 위해 성을 튼튼히 수비하고 있으나, 제후들이 모두 봉기했으니 패현의 운명도 이미 결정된 것이라 할 것입니다. 패현을 구하고 싶다면, 여러분이 함께 단결하여 현령을 처형하고 젊은이들 중에서 지도자를 뽑아 제후에게 호응해야 합니다. 그렇게 하지 않으면 여러분과 여러분 가족은 모두

몰살당할 것입니다.'

이 글을 읽은 장로들은 젊은이들과 합세하여 현령을 죽이고
는 성문을 열어 고조 일행을 맞이했다. 그리고 고조를 새로운
현령으로 추대하고자 했다. 그러나 고조는 이를 받아들이지 않
았다.

"지금 천하가 혼란스러워 각지에서 제후가 궐기했습니다. 우
리도 봉기는 했으나, 지도자가 무능하면 실패하고 말 것입니
다. 나는 절대로 목숨이 아까워서 거절하는 것이 아닙니다. 내
능력이 부족하여 여러분의 장래를 책임질 자신이 없기 때문입
니다. 중대한 일이니 다시 의논하여 능력 있는 지도자를 뽑으십
시오."

그런데 지도자가 될 만한 고위 관리인 소하나 조참은 둘 다 문
관일 뿐 아니라 목숨을 걸 만큼 용기 있는 자들이 아니었다. 그
들은 이 거사가 실패하면 진나라 토벌군에 의해 자기 가족이 몰
살당할까 봐 두려워했다. 두 사람은 어떤 핑계를 대서라도 고조
에게 지도자의 자리를 양보하려 했다. 장로들도 모두 입을 모아
이렇게 말했다.

"평소 우리가 들은 이야기로는 당신에겐 괴이한 일들이 있었
다고 하는데, 그건 귀인이 될 운명이기 때문입니다. 점을 쳐보
아도 당신만큼 적임자가 없다고 나옵니다."

하지만 고조는 몇 차례나 거절했다. 그러나 지도자가 되려는
사람이 아무도 나서지 않자, 결국 고조는 패공沛公의 자리를 맡

게 되었다.

그날 고조는 황제에게 제사를 지냈다. 그리고 현청의 대회의
실에서 치우에게 제사를 드리고, 군고와 군기에 제물의 피를 발
라 무운을 기원했다. 군대의 깃발은 붉은색으로 통일했다. 고
조가 죽인 뱀이 백제의 아들이라면, 고조는 적제의 아들이 된다
는 뜻에서 붉은색을 숭상하게 된 것이다.

항량의 뒤를 이은 항우

한편 항량은 초나라 군대를 이끌고 동아에서 출발하여 서쪽의 정도에 이르러 진나라 군대를 무찔렀다. 게다가 진나라 군장관 이유의 목을 베는 전과를 올렸다. 이렇게 되자 항량은 진나라를 더욱 얕잡아보게 되었고, 교만한 마음을 갖게 되었다. 이를 지켜보던 송의가 항량에게 간언했다.

"싸움에서 이겼다고 장수와 병졸 모두가 우쭐해서 나태해진다면 반드시 화가 닥칩니다. 진나라 군대는 병력을 늘려 대공세로 나오려 하는데 우리 군사들은 긴장을 풀고 있습니다. 저는 그것이 걱정스럽습니다."

그런데도 항량은 송의의 간언을 받아들이지 않고, 오히려 제

53

나라에 사신으로 보냈다. 송의는 제나라로 가는 도중에 제나라 사신 고릉군 현을 만났다.

"귀하는 무신군(항량)을 만나러 가는 길이십니까?"

"그렇습니다."

이에 송의가 말했다.

"항량의 군사는 성공하지 못할 것 같습니다. 급히 가지 않으시는 것이 좋겠습니다. 도착하는 시기를 좀 늦추시면 살 수 있겠으나 이 길로 곧장 가신다면 분명 개죽음을 당할 것입니다."

송의의 예언은 정확했다. 진나라 장군 장한이 병력을 총동원해 초나라 군대를 공격하여 정도에서 크게 무찔렀고, 이 싸움에서 항량도 전사한 것이다.

장한은 항량의 군사를 격파하자, 황하를 건너 조나라를 치기로 했다. 당시 조나라의 왕은 조헐이었고, 진여가 장군의 자리에, 장이가 재상의 자리에 앉아 다스리고 있었는데, 진나라 군의 공격을 받고 밀려나 거록으로 도망쳤다. 장한은 부하인 왕리와 섭간에게 거록을 포위하도록 하고 자신은 남쪽에 진을 친 뒤 용도甬道를 구축하고 군량을 조달했다.

한편 조나라 장군 진여는 병력 수만을 거느리고 거록 북쪽에 포진했다. 초나라 회왕은 정도에서 초나라 군이 크게 패했다는 소식을 듣고 큰 충격을 받았다. 그는 우이를 떠나 팽성으로 달려가서는 항우와 여신의 군사를 합병하여 직접 지휘했다. 또 여신을 사도司徒로 삼고, 그 아버지 여청을 영윤令尹에 임명했다.

이때 유방은 무안후武安侯가 되어 탕군의 지휘를 맡고 있었다. 한편 이전에 송의가 만났던 제나라 사신 고릉군이 초나라 군중에서 회왕에게 진언했다.

"지난번에 이곳으로 오던 중 송의를 만났습니다. 그때 송의가 무신군(항량)이 패할 것이라고 예언했습니다. 그런데 과연 며칠 후에 무신군은 참패했습니다. 싸우기도 전에 패배를 예측한 그의 안목은 대단합니다. 훌륭한 전략가임이 분명합니다."

회왕은 송의를 불러서 그의 의견을 듣고는 크게 감복하여 그 자리에서 상장군上將軍으로 삼았다. 한편 항우는 노공魯公에 봉해져 차장次將이 되었고, 범증은 말장末將이 되었다. 이렇게 조나라를 구원할 군사를 재편성했다. 각 부대의 부장들은 모두 송의의 지휘를 받게 되었고 전군을 경자관군卿子冠軍이라 칭했다.

경자관군은 팽성을 떠나 안양으로 진격했다. 그런데 안양에 도착한 후 46일 동안 머물며 진격하지 않았다. 그러자 항우가 송의에게 말했다.

"진나라 군이 조나라 군사를 거록에서 포위하고 있습니다. 당장 군사를 이끌고 황하를 건너야 합니다. 초나라가 밖에서 공격하고 조나라 군이 안에서 돕는다면 진나라 군을 쳐부술 수 있습니다."

그러나 송의는 받아들이지 않았다.

"그렇지 않소. 소를 물어뜯는 등에를 털어낸다고 벼룩과 이까

55

지 떨어지지는 않소. 지금 진나라 군이 조나라를 공격하고 있는데, 전쟁에서 이긴다고 하더라도 병졸들은 많이 지치게 될 것이오. 우리 군사는 진나라 군이 지쳐 있을 때 공격할 것이오. 만일 진군이 패하면 우리는 북소리를 크게 울리며 서쪽으로 전진하면 되오. 그러면 분명 진나라가 항복할 것입니다. 먼저 진나라와 조나라를 맞싸우게 하는 것이 최상의 술책이오. 무기를 들고 싸우는 일에서는 내가 귀공보다 못하겠으나 전략에 관해서는 귀공이 나의 적수가 되지 못합니다."

그 뒤 송의는 전군에 명령을 내렸다.

"거칠고 사납기가 호랑이 같고, 순하고 사리에 어둡기가 염소와 같으며, 탐욕스럽기가 늑대와 같은 패거리는 모두 참형에 처할 것이다."

그날 송의는 그의 아들 송양을 제나라 대신으로 보내기 위해 무염까지 배웅하고 성대한 송별연을 베풀었다. 한편 그날은 춥고 큰비가 내렸기 때문에 병사들은 추위와 굶주림에 지쳐 있었다. 항우는 그런 그들의 불만에 불을 질렀다.

"전력을 다해 진나라를 토벌해야 하는 이때 상장군 송의는 딴전만 부리고 있다. 백성은 배고픔에 허덕이고 병사들은 군량미가 없어 감자와 콩으로 연명하고 있는데도 성대한 연회나 벌이고 있다. 당연히 황하를 건너 조나라에서 군량미를 원조받고 함께 힘을 합쳐 진나라를 공격해야 할 텐데, 진나라 군이 지칠 때를 기다린다고 하면서 송의는 하품만 하고 있다.

　강대한 진나라가 지금 일어난 조나라를 공격하고 나선다면, 조나라의 멸망은 불을 보듯 뻔한 일이다. 조나라가 멸망한다면 그만큼 진나라 군대는 강대해질 것이다. 그런 뒤에 무슨 일을 한다는 것인가? 애당초 우리 군이 패했기 때문에 왕께서 불안한 마음에 송의를 상장군으로 삼고 전군의 지휘를 맡긴 것이다. 나라의 존망이 이 거사에 걸려 있는데도 그는 장병의 고통 따위는 아랑곳하지 않고 자기 자식의 일만 챙기고 있다. 국가의 기둥이란 자가 이럴 수 있는가?"

　다음날 아침, 항우는 송의가 자고 있는 침소로 뛰어들어 송의의 머리를 베어버렸다. 그리고 전군을 소집한 자리에서 이렇게 명을 내렸다.

　"송의는 제나라와 더불어 초나라를 배반하려 했다. 나는 왕의 은밀한 명령을 받고 그를 처형했다."

　겁에 질린 장수들은 아무도 저항하지 못하고, 오히려 이렇게 말했다.

　"처음 초나라를 세운 것은 귀공의 일족이며 지금 귀공은 역적을 주살하셨습니다. 우리 모두는 기꺼이 귀공을 따르겠습니다."

　장관들은 뜻을 함께하여 항우를 임시로 상장군에 추대했다. 반면에 송의의 아들 송양은 항우가 보낸 자객에 의해 제나라에서 살해되었다. 항우는 환초를 사자로 보내 송의를 주살한 전말을 회왕에게 보고했다. 그러자 회왕은 항우를 정식으로 상장군에 임명했다. 당양군 경포와 포장군도 항우 휘하로 편입되었다.

항우가 송의를 살해한 뒤, 초나라에서 항우의 위세는 급속히 높아졌고 그의 명성이 제후들 사이에 퍼졌다.

당양군 경포와 포장군이 2만여 군사를 이끌고 황하를 건너 거록을 구하러 갔다. 그런데 전세는 쉽게 나아지지 않아 조나라 장군 진여가 항우에게 재차 구원병을 요청했다.

이에 항우는 전군을 거느리고 황하를 건넜다. 건넌 즉시 배를 모두 침몰시키고 가마솥을 부순 후 천막을 불태워 없앴다. 군량미 또한 3일분만 남기도록 했다. 이기지 못하면 죽음뿐이라는 지상명령至上命令을 전군에게 내린 것이었다.

그렇게 거록에 도착한 초나라 군은 왕리의 군을 포위하고, 장한의 부대와 격렬하게 싸운 끝에 용도를 끊고 진나라 군을 크게 무찔렀다. 진나라 장수 소각은 초나라 병사에게 살해됐고 장수 왕리 또한 포로로 잡혔다. 섭간은 초나라에 항복하지 않고 불 속에 몸을 던져 자살했다.

이 싸움에서 승리함으로써 초나라 군은 제후들 사이에서 최고의 지위를 차지했다. 당시 거록을 구하려고 달려온 제후군이 10여 진영에 이르렀는데, 모두들 성채를 쌓고 틀어박힌 채 나오지 않았다. 항우와 진나라 군대가 맞붙어 전투를 시작했는데도 제후들의 군대는 성채의 망루 위에서 결사적으로 항쟁하는 58 초나라 군대를 구경만 할 뿐, 나와서 싸우지 않았다.

그러나 초나라 군사들은 한 명이 열 명을 대적해 싸웠고, 그들의 우렁찬 고함소리는 천지를 뒤흔들었다.

진나라 군을 무찌른 뒤, 항우는 제후군의 부장들을 소집했다. 그러자 그들은 초나라 군의 군문을 통과할 때 모두 무릎걸음으로 걸어 나오며 고개를 쳐들지 못했다. 이때부터 항우는 제후들의 상장군으로서 그들을 완전히 장악하기에 이르렀다.

진나라 2세 황제 3년(기원전 207년), 초나라 회왕은 항량의 군사가 패한 뒤 앞서 살펴본 것처럼 송의를 상장군으로 삼고, 항우를 차장, 범증을 말장으로 삼아 조나라를 구원하기 위해 북진하도록 했다. 그와 동시에 패공에게는 서쪽으로 진격하여 함곡관에서 관중으로 진입하라는 명령을 내렸다. 명령을 내리는 자리에서 회왕은 장수들에게 이렇게 약속했다.

"관중을 처음으로 평정한 자를 관중의 왕으로 삼겠다."

이 무렵 위세를 떨치던 진나라 군은 반란군을 끝까지 추격했다. 그 때문에 장수들은 남보다 앞서 관중으로 진입하는 것을 주저하고 있었다. 그러나 오직 항우 한 사람만은 예외였다.

항우는 숙부 항량이 진나라 군대에게 패했다는 사실을 잊지 않고 있었다. 그런 상황에서 관중을 공략하라는 명령이 패공에게 내려지자 자신도 패공과 함께 관중으로 진격하고자 했다. 그러나 회왕 휘하의 원로 장수들은 반대했다.

"항우는 본디 성급하고 사나운 인물입니다. 양성을 공략했을 때에도 적군을 모두 땅에 생매장하지 않았습니까. 그가 지나온 땅은 모두 폐허로 변했습니다. 초나라 군사들은 성급했기 때문에 진왕과 항량 또한 여러 번에 걸쳐 패했습니다. 그러니 이번만은 덕망이 높고 성품이 원만한 인물을 관중으로 진격토록 하여 우리가 정당하다는 사실을 관중의 백성에게 알려야 합니다. 그곳 백성들은 진나라의 학정에 오랫동안 시달려왔으므로 덕망 있는 사람을 보낸다면 예외 없이 귀순할 것입니다. 항우같이 사나운 장수를 보내서는 안 됩니다. 항우보다는 덕망이 높은 패공이 적임자라고 생각합니다."

그리하여 항우의 관중행은 끝내 허락되지 않았고, 대신 패공 유방에게 명령이 내려졌다.

미친 학자, 역이기

역이기酈食其는 진류현 고양 사람으로, 글을 많이 읽었으나 집
안이 가난하여 뜻한 바를 이루지 못하고 있었다. 그 무렵 생계
조차 막연했던 그는 가까스로 마을의 문지기 노릇을 하고 있었
다. 그러나 진류현의 유지들은 그를 '미치광이 유학자'로 취급
하며 채용하지 않았다.

한편 진승과 항량 등이 반기를 들고 군사를 일으키자 각지에
서 이에 호응하는 장수들이 다투어 일어나고, 고양 땅을 스쳐
지나간 장수만도 수십 명이나 되었다. 그때마다 역이기는 그 장
수들을 찾아가 자신의 생각을 이야기하곤 했지만 역이기의 원
대한 계략에 귀를 기울이는 인물은 없었다. 몇 번이나 그런 시

도를 했다가 실패한 역이기는 좌절하여 초야에 파묻혀 지내고 있었다.

그때 패공이 군사를 이끌고 진류현의 외곽 지대를 공략하고 있다는 소식이 들렸다. 마침 패공 휘하의 기병 가운데 역이기와 같은 고향 출신인 사람이 있었는데, 패공은 그에게 이 마을에 현명한 인재가 있는지 물어보았다.

"알아보겠습니다."

기병은 고향으로 돌아가 인재를 수소문하고 다녔다. 그 소문을 들은 역이기가 기병을 만나러 갔다.

"패공이 오만불손하고 남을 업신여기기는 하지만 웅대한 뜻을 품고 있다고 들었네. 전부터 나는 그분을 만나고 싶었지만 기회가 없었지. 나를 패공에게 소개시켜주게나. 패공을 만나면 '우리 고향에 역이기라고 하는 사람이 있는데 나이는 60살 남짓이고, 키는 8척을 넘길 만큼 늠름하다. 사람들은 그를 미치광이 학자라고 하지만 그 자신은 절대로 미치광이가 아니라고 큰소리를 친다'고 이야기해주게나."

그러나 기병은 고개를 저으며 대답했다.

"패공께서는 유학자를 좋아하지 않아요. 관을 쓴 선비가 찾아가면 언제나 그 관을 빼앗아 거기에 소변을 갈기곤 하지요. 선비가 아니더라도 패공은 아무에게나 욕을 해대기 일쑤입니다. 그런 패공에게 학자를 천거해보았자 쓸데없는 짓일 뿐입니다."

62   그러나 역이기는 끝까지 포기하지 않았다.

"책임은 내가 지겠네. 그러니 내가 한 말대로만 전해주게나."

군막으로 돌아간 기병은 역이기의 말을 그대로 패공에게 전해주었다. 패공은 고양 역사에 이르자 사람을 보내 역이기를 불렀다. 역이기가 찾아갔을 때 패공은 마침 의자에 걸터앉은 채 여자들에게 발을 씻기고 있는 중이었는데, 그 모습 그대로 역이기를 맞았다. 역이기는 그 앞으로 나아가 정중한 인사를 드리는 대신 가볍게 고개만 끄떡해 보이고는 대뜸 이렇게 말했다.

"귀공께서는 진나라 편에 서서 제후들을 공격하려고 하십니까? 아니면 제후들을 이끌고 진나라를 치려고 하십니까? 도대체 어느 쪽입니까?"

이에 패공이 소리쳤다.

"이 학자라는 자야! 천하 사람들이 모두 진나라의 학정에 시달리고 있어 제후들과 연합해 진나라를 치려 하는데, 뭐 어쩌고 어째? 진나라 편에 서서 제후들을 공격한다고?"

그러자 역이기가 말했다.

"백성을 모으고 의병을 규합하여 진나라의 무도함을 응징하려 하신다면, 그렇게 다리를 뻗은 채로 노인을 만나서는 안 됩니다."

이 말을 들은 패공은 여자들을 물러가게 했다. 그러고는 의관을 정제한 후 역이기를 상석에 앉히고 자신의 무례함을 사과했다. 역이기는 예전에 6개국이 합종하고 연횡했을 당시의 형세에 대해 설명했다. 흥미를 느낀 패공은 그에게 먹을 것을 대접하며 물었다.

"그렇다면 현 시국에서는 어떤 계책을 쓰면 좋겠소?"

"귀공이 오합지졸을 모은다고 해도 채 1만 명도 되지 않을 겁니다. 1만 명 정도의 병력으로 강대한 진나라를 친다는 것은 스스로 호랑이 입 속으로 뛰어드는 것이나 마찬가지입니다. 그런데 이곳 진류현은 천하의 요충지이면서도 사방으로 통하는 길이 편리하며, 성 안에 저장된 식량도 풍족합니다. 또한 백성들은 현령의 명령에 잘 따릅니다. 진나라를 공략하기 위해서는 우선 이곳부터 장악하지 않으면 안 됩니다. 저는 이곳 현령과 친분이 있으니 저를 사자로 현령에게 보내주시면 그가 투항하도록 권하겠습니다. 만일 현령이 제 말을 듣지 않는다면 장군께서 공격하십시오. 저는 성 안에서 돕겠습니다."

패공은 흔쾌히 승낙했다. 역이기가 사신의 임무를 띠고 성내로 들어가자 패공은 군사를 거느리고 그의 뒤를 따라갔다. 마침내 진류 현령은 패공에게 투항하고 말았다. 역이기는 이 공로로 광야군廣野君에 봉해졌다.

그 후 패공은 남하하여 영양을 공략하고 함락시켰으며, 한나라 명문가 출신인 장량의 도움을 받아 한나라의 요충지 환원을 공략했다. 이 무렵 조나라 사마앙司馬仰이 이끄는 군사도 관중에 진입하기 위해 황하를 건너려 하고 있었다. 그러자 패공은 재빨리 군사를 북상시켜 평음을 공격하고 황하 나루터를 파괴해버렸다.

그 후 다시 남하하여 낙양 동쪽에서 진나라 군과 싸웠는데 성과가 없었다. 할 수 없이 패공은 남쪽의 양성으로 퇴각하여 군을 재편성했다. 그런 다음 주 땅 동쪽에서 남양군 장관 기가 이끄는 진나라 군을 물리치고 남양군을 점령했다. 기는 도망쳐서 완 땅에 머물렀다. 이때 패공이 완 공격을 보류하고 서쪽으로 진격하려 서두르자 장량이 만류했다.

"관중에 하루라도 빨리 진입하시려는 의도는 잘 알겠습니다. 하지만 진나라는 아직 많은 군사를 보유하고 있고 요충지들을 점거하고 있습니다. 완을 함락시키지 않고 서진하면 배후가 불안해집니다. 아마도 앞뒤에서 협공을 당하게 될 것입니다."

이 말을 들은 패공은 그날 밤 다른 길로 돌아 군사를 빼돌렸다. 그런 다음 깃발을 바꾸어 새로운 보충 부대가 도착한 것처럼 꾸미고 새벽녘에 완을 포위했다. 이를 본 기는 당해낼 수 없다고 판단하여 스스로 목숨을 끊으려 했다. 그러자 그의 식객인 진회가 이렇게 말했다.

"죽기에는 아직 이릅니다. 저에게 맡겨주십시오."

진회는 성을 넘어가서 패공을 찾아갔다. 그러고는 패공에게 이렇게 말했다.

"장군의 진영에서는 진나라 도읍 함양에 맨 처음 진입하는 자를 관중의 왕으로 봉한다는 맹약이 있었다고 들었습니다. 장군께서는 지금 완을 함락시키려고 하시지만, 완은 대군의 수도로서 산하의 성만 해도 수십 개에 이를 뿐만 아니라, 인구도 많고 양식도 충분합니다. 또 이곳 사람들은 항복하면 모두 죽는다는 생각을 하고 있어 온 백성이 성을 사수할 각오로 지키고 있습니다.

만일 장군께서 속전속결로 싸우려 한다면 많은 군사를 잃을 것입니다. 반면에 장군께서 철수하신다면 완의 군사가 추격을 할 것입니다. 그래서 드리는 말씀인데 최선의 방법이 하나 있습니다. 투항하는 조건으로 완의 군수를 후侯로 봉하는 것입니다. 그리하여 군수에게 이대로 완을 수비하게 하고 장군께서는 완군을 휘하 병사로 통합하여 함께 서쪽으로 진격하시는 것입니다. 완이 무사하다는 소식을 들으면 산하의 다른 성들도 앞다투어 성문을 열고 투항해올 것입니다. 그러면 장군께서는 병력의 소모 없이 서쪽으로 계속 진격할 수 있을 것입니다"

"좋소. 그렇게 합시다."

패공은 곧 완의 군수를 은후殷侯에 봉하고 진회를 천호후千戶侯에 봉했다. 그러자 진회가 말한 대로 완 산하의 여러 성들이 투항해왔다.

패공, 진나라를 멸망케 하다

한편 관중에 진입하기 전 패공은 위나라 사람 영창을 진秦나라에 사자로 보냈다. 그런데 그 결과를 기다리는 사이 전황이 크게 바뀌어, 진나라 장수 장한이 휘하의 모든 장병과 함께 항우에게 투항하는 사건이 일어났다.

앞서 살펴본 바와 같이 항우는 조나라를 구원하기 위해 북상하다가, 도중에 송의를 죽이고 상장군의 지위를 차지한 것이다. 그런 다음 경포를 비롯한 여러 장수를 휘하에 거느렸다. 그뿐 아니라 진나라 장수 왕리를 쳐부수고 장한을 항복시키니 제후들 모두 항우를 따르게 되었다.

한편 진나라 재상 조고가 2세 황제를 죽이고 패공에게 사자를

67

보내 관중을 둘이서 나누자고 제안했다. 그러나 패공은 이 제안에 계략이 숨겨져 있다고 생각했다. 패공은 장량의 계략을 써서 우선 역이기와 육가를 진나라에 보낸 뒤 진나라의 부장을 매수했다. 그 후 무관을 습격하여 일거에 관중으로 진입하고, 남전 남쪽에서 진군과 대치하게 되었다.

패공은 군대의 깃발을 많이 만들어 대군처럼 보이게 하는 한편, 물자를 약탈하거나 인부를 징발하는 등의 민폐를 일체 금지시켰다. 그러자 진나라 백성들은 기뻐한 반면 진나라 군대의 사기는 급속히 떨어져 쉽게 굴복시킬 수 있었다. 그 후 진나라 군은 남전 북쪽에서도 대패하여 결국 섬멸되었다. 그리하여 한나라 원년(기원전 206년) 10월, 패공은 제후들보다 앞서 함양 근처인 패상에 이르게 되었다.

그러자 진나라 왕 자영子嬰이 지도정 근처까지 나와 패공에게 항복했다. 흰 가마가 끄는 흰 수레를 탄 채 목에는 밧줄을 걸고, 손에는 황제의 옥새와 부절符節을 넣은 봉인된 상자를 들고 있었다. 항복 의사를 정식으로 표명한 것이다. 여러 장수 중에는 진나라 왕을 죽여야 한다고 주장한 사람도 있었다. 그러나 패공은 이를 받아들이지 않았다.

"애당초 회왕이 나를 보낸 이유는 내가 적에게도 관대히 대할 것이라고 생각해서다. 더욱이 적은 이미 우리에게 항복했다. 항복한 자를 죽여서는 좋은 결과를 기대할 수 없다."

결국 진나라 왕을 연금軟禁해두기로 하고 패공은 그 길로 함양에 입성했다. 패공은 궁정에 들어가서 본부를 설치하려 했으나 장량과 번쾌가 반대했기 때문에 어쩔 수 없이 진나라의 보물 창고를 봉쇄한 뒤 일단 패상으로 철수했다. 그 후 패공은 여러 현의 장로와 유지를 소집한 후 이렇게 포고했다.

"여러분은 오랫동안 진나라의 가혹한 정치에 시달렸습니다. 국정을 비판하는 사람은 일족이 몰살당했고, 길에서 의논만 해도 잡혀가 저잣거리에서 처형당하기도 했습니다. 제후들은 약속하기를 가장 먼저 관중에 진입한 자가 왕이 되기로 했습니다. 따라서 나는 관중의 왕이 될 것입니다. 왕의 자격으로 나는 여러분과 약속합니다. 우선 법은 세 가지만 정합니다. 사람을 죽인 자, 사람을 다치게 한 자, 도둑질을 한 자는 처벌할 것입니다. 그 대신 진나라가 정한 법령은 모두 이 자리에서 폐지합니다. 앞으로는 관리와 백성이 함께 편안하게 지내게 될 것입니다. 우리가 관중에 들어온 목적은 여러분을 위해 학정을 없애는 데 있습니다. 절대로 포악한 짓을 하지 않을 것이니 안심하십시오. 또한 우리가 다시 패상으로 철수한 이유는 제후들이 도착하기를 기다려서 그들과 정식으로 조약을 맺기 위한 것이지 다른 뜻은 없습니다."

패공은 부하들에게 명하여 진나라의 관리와 함께 각지를 다니면서 백성들에게 이런 취지를 널리 알리게 했다. 진나라 사람들은 기뻐하며, 패공의 군사를 대접하기 위해 앞다투어 소, 양, 술, 음식 등을 가지고 왔으나 패공은 정중히 사양했다.

"우리는 군량미도 넉넉하고 부족한 것은 아무것도 없으니, 고 맙지만 사양하겠습니다."

이렇게 되자 패공에 대한 평판은 더욱 높아져, 백성들 사이에서는 패공을 반드시 왕으로 추대해야 한다는 움직임이 일어났다. 그러자 한 사나이가 패공에게 이렇게 말했다.

"관중의 부는 중원의 열 배나 되고, 지형도 험준하여 요충지를 이루고 있습니다. 제가 들은 소문에 따르면, 장한이 항복하자 항우는 그를 옹왕雍王으로 봉해 관중의 왕이 되게 했다고 합니다. 그들이 만일 이곳에 들어온다면 패공께서 관중을 차지하지 못하게 될 것입니다. 그러니 패공께서는 즉시 함곡관으로 군사를 보내 제후들이 관중에 들어오지 못하게 하는 것이 좋을 듯합니다. 그리고 관중에서 군사를 징집하여 병력을 늘리는 데 힘쓰시면 제후들의 공격을 막아낼 수 있으리라고 생각합니다."

이 말을 들은 패공은 그 사나이의 계책에 따르기로 했다.

얼마 후 제후들의 연합군이 드디어 함곡관에 근접한 신안新安에 이르렀다. 제후군의 병사들은 예전에 노역이나 변경 수비에 동원되어 관중 땅을 지날 때 진나라 병사들에게 온갖 천대를 받았던 백성들이었다. 그래서 진나라 군이 항복하자 그들을 노예처럼 부려먹으며 학대했다. 진나라 병사들은 견디다 못해 저희들끼리 불만을 이야기했다.

"장한은 우리들은 생각지도 않고 투항해서 이 꼴이 되고 말

앉어. 관중을 공격하여 진나라를 쳐부순다면 좋겠지만, 패배를 당한다면 제후들은 우리를 포로로 삼은 후 후퇴할 거야. 그렇게 되면 관중에 남아 있는 우리 부모와 처자식은 몰살당하고 말겠지."

제후군의 부장이 이런 소리를 듣고 곧바로 항우에게 보고했다. 항우는 곧 경포와 포장군을 불러 그들을 죽이라고 명령했다.

"진나라 병사들은 그 수가 많은 데다 마음속으로는 우리에게 복종하지 않고 있다. 관중에 들어간 뒤 진나라 병사들이 우리에게 복종하지 않는다면 위험한 상황이 벌어질 것이다. 그럴 바에야 차라리 그들을 죽이는 편이 낫다. 관중에는 장한과 장사 사마흔, 도위 동예만 데리고 들어간다."

이 의견은 곧 실행에 옮겨졌다. 밤중이 되자 초나라 군은 진나라 군을 기습했다. 그리하여 진나라 병사 20여만 명을 신안성 남쪽 땅에 생매장시켜버렸다. 그런 후 항우의 군사는 진나라 땅을 공략하여 드디어 함곡관에 이르렀다.

그런데 이미 패공의 군사가 함곡관을 지키고 있어 항우의 군사는 들어갈 수 없었다. 게다가 패공이 이미 함양을 함락시켰다는 보고가 전해지자 항우는 크게 화를 냈다. 그러고는 즉시 경포 등에게 함곡관을 공격하도록 명령하고, 자신은 단숨에 희수 서쪽까지 말을 타고 달려갔다.

항우의 힘을 피한 패공

　그 무렵 패공은 군사를 패상에 주둔시키고 있어 항우와 직접 연락하지 못하고 있었다. 이때 패공의 좌사마인 조무상이 항우에게 밀사를 보내어 패공을 모함하는 말을 전했다.

　"패공은 관중의 왕위를 노려 진나라 왕 자영을 재상으로 삼았으며, 진나라의 진귀한 보물을 독차지했습니다."

　이 말을 전해들은 항우는 크게 분노했다.

　"내일 병사들을 실컷 먹고 마시게 해라. 그런 후 패공의 군사를 쳐부수리라."

　이때 항우의 군사는 40만이었는데 신풍의 홍문에 포진해 있었다. 반면 패공은 10만의 병력으로 패상에 주둔하고 있었다.

이날 항우의 진중에서 범증이 항우에게 이렇게 간언했다.

"패공이 산동에 살던 때에는 욕심쟁이에다가 계집질이나 하던 형편없는 자였습니다. 그러나 관중을 장악한 후에는 재물을 취하지도 않고 여자도 가까이하지 않는다고 합니다. 그의 뜻하는 바가 큰 것 같습니다. 제가 데리고 있는 점복사에게 패공의 기를 점치게 했더니, 용과 범의 기세로 오색 찬연합니다. 이것은 천자의 조짐이니 급히 패공을 잡아 죽이십시오."

초나라의 좌윤左尹인 항백은 항우의 숙부였는데, 일찍이 유후留侯 장량과 친했다. 이때 장량은 패공 휘하에 있었다. 항백은 밤중에 패공의 군영으로 달려가 남몰래 장량을 만났다. 그는 장량에게 모든 일을 있는 그대로 설명하고는 위험을 피하라고 충고했다.

"이대로 가다간 귀공도 패공과 함께 죽게 될 것이오."

그러나 장량은 받아들이지 않았다.

"나는 한나라 왕을 위해 지금까지 패공을 보좌해왔소. 이제 위태롭다고 해서 패공을 버리고 도망치는 것은 의롭지 못한 일이 아니겠소? 나는 이 문제를 패공에게 보고하지 않을 수 없습니다."

그러고는 곧바로 패공의 침소를 방문하여 방금 들은 이야기를 자세히 보고했다. 패공은 크게 놀라며 물었다.

"이 일을 어떻게 하면 좋겠나?"

"항우의 함곡관 진입을 막으라는 계책을 말한 자가 누구였습니까?"

"어떤 미꾸라지 같은 자였네. 그는 나에게 함곡관을 막아서 제후를 못 들어오게 하면 진나라 영토에서 왕이 될 거라고 말했지. 그래서 나는 그 말에 따랐다네."

"우리 군사로 항왕의 군사를 막아낼 수 있다고 생각하십니까?"

패공은 즉각 대답하지 못했다. 잠시 침묵이 흐른 뒤 이렇게 말했다.

"물론 어렵겠지. 무슨 방법이 없겠나?"

"그렇다면 왕께서 항백에게 감히 항우를 배신할 의사가 없었다고 말하십시오."

패공이 물었다.

"귀공은 항백과 어떤 사이인가?"

"진나라에 있을 때부터 친구입니다. 예전에 항백이 사람을 죽이고 잡혔을 때 제가 나서서 구해준 적이 있습니다. 그래서 위급한 일이 생기자 찾아와서 알려준 것입니다."

"누가 더 나이가 많은가?"

"항백입니다."

그러자 패공이 이렇게 말했다.

"나도 그를 형으로 섬겨야 되겠군. 내게 데려오시게."

장량은 일단 물러나 항백을 다시 만났고 곧 패공과의 회견을 주선했다. 패공은 우선 술잔을 들어 항백의 장수를 빌고 인척 관계를 맺는 약조를 한 후, 입을 열었다.

"나는 관중에 먼저 들어오기는 했으나 작은 물건 하나도 손대지 않았소. 관리와 백성의 명부를 정리하고, 부고府庫를 봉쇄하고서 항 장군께서 오시기만을 기다리고 있었다오. 함곡관에 경비하는 군사를 보낸 것은 도적의 침입을 막고 만일의 사태에 대비하기 위해서였소. 장군께서 도착하시기만을 밤낮으로 바라고 있던 제가 어찌 배반을 하겠습니까? 이런 제 뜻을 장군께 전해주시오."

항백은 흔쾌히 승낙했으나 한 가지 조건을 내걸었다.

"다만 내일 아침 직접 오셔서 항왕께 사죄하셔야만 될 것입니다!"

"그렇게 하겠소."

항백은 그날 밤으로 초나라 군의 진지로 되돌아가, 패공의 말을 그대로 항우에게 전하고는 이렇게 덧붙였다.

"패공이 먼저 관중을 공략하지 않았다면, 귀공께서 어떻게 관중으로 들어올 수 있었겠습니까? 큰 공을 세운 셈인데 오히려 패공을 공격하려고 하신다면 옳지 못한 일입니다. 온당하게 잘 대우해주는 것이 도리인 줄 압니다."

항우는 옳은 말이라고 여겨 그 의견을 받아들였다.

이튿날 아침, 패공은 경비병 백여 기를 이끌고 홍문으로 항우를 만나러 갔다. 회견 석상에서 그는 사죄부터 한 다음 이렇게 말했다.

"항왕과 저는 협력하여 진나라를 토벌하고자 했습니다. 그래서 항왕께서는 황하 북쪽을 공략하시고, 저는 남쪽을 공략하면서 싸워왔습니다. 뜻하지 않게도 제가 먼저 관중에 진입하여 진나라를 물리치고 이곳에서 항왕을 뵙게 되니 기쁘기 그지없습니다. 그런데 일부 소인배가 비방을 하여 항왕과 저 사이에 균열이 생기게 되었습니다. 참으로 안타까운 일입니다."

"이는 귀공의 좌사마인 조무상의 말 때문이오. 그런 말을 듣지 않았다면 내가 어찌 귀공을 의심할 수 있겠소?"

이런 이야기를 나눈 뒤 항우는 패공을 위한 술자리를 펼쳤다. 항우와 항백이 동쪽을 향해 상좌에 앉고, 범증은 남쪽을 향해 주좌에 앉았다. 패공은 북면을 한 채 하좌에 앉고, 장량이 서면을 한 채 배석했다.

범증은 주연이 열리는 동안, 항우에게 눈짓을 하며 허리에 차고 있던 옥륜을 쳐들어 신호를 보냈다. 세 번이나 신호를 보냈지만 항우는 반응을 보이지 않았다. 안 되겠다 싶었던 범증은 자리에서 빠져나와 항우의 종제從弟인 항장을 불렀다.

"우리 왕은 인정이 많아서 자신이 손수 죽이지 못하시는 것 같네. 그대가 왕 대신에 패공을 없애게. 먼저 패공의 장수를 비는 건배를 하고 검무를 추게. 검무를 추다가 패공이 앉은 자리로 다가가서 죽이게. 만일 실패한다면 우리 모두 훗날 패공의 포로가 될 것이네."

범증의 말을 들은 항장은 술자리로 들어가서 먼저 패공에게 술을 올리고, 이어서 항우에게 말했다.

"모처럼 왕께서 패공과 주연을 즐기고 계시는데, 진중이고 보니 흥을 돋울 만한 것이 없습니다. 제가 칼춤이라도 추고자 합니다."

"좋다. 춤을 추어보거라."

항우의 승낙이 떨어지자 항장이 칼을 뽑아서 춤을 추기 시작했다. 항장의 의도를 알아차린 항백 역시 칼을 뽑아 춤을 추며 패공을 감싼 채 틈을 주지 않았다. 끝내 항장은 패공을 공격할 기회를 얻지 못했다.

자리에 앉아 벌어지고 있는 사태를 짐작한 장량은 자리에서 나와 군문 밖에 있는 번쾌를 찾았다. 번쾌도 매우 궁금하던 참이라 물었다.

"오늘 일이 어찌되어 갑니까?"

"위험하오. 지금 항장이 칼춤을 추고 있는데 패공의 목숨을 노리고 있소."

"그럼 나도 함께 들어가서 생사를 함께하겠소. 목숨을 걸고 싸웁시다."

번쾌는 즉시 칼과 방패를 준비하더니 군문 안으로 단숨에 들어갔다. 위병 두 사람이 창을 들고 그를 막으려고 했지만 번쾌가 방패로 밀치니 땅에 나가떨어졌다. 번쾌는 곧장 연회장 안으로 들어갔다. 번쾌는 연회석의 휘장을 들치고 항우를 정면으로

노려보았는데, 머리카락은 위로 곤두서고 부릅뜬 눈은 무엇이
건 삼켜버릴 듯 무서운 모습이었다. 항우는 얼떨결에 칼을 움켜
쥐고 상체를 일으키며 소리쳤다.

"웬 놈이냐?"

이에 장량이 대신 대답했다.

"패공을 수행하는 번쾌라는 자입니다."

"장사로구나. 그에게 술을 한 잔 주어라!"

즉시 큰 잔에 넘치도록 가득 술을 따라 번쾌 앞에 놓았다.

번쾌는 무릎을 꿇고 그 잔을 받더니 일어나 단숨에 마셔버
렸다.

"그에게 돼지 어깨 한 짝을 줘라."

항우가 다시 명하자 익히지 않은 큼직한 돼지 어깨 한 짝이 그
의 앞에 놓였다. 번쾌는 방패 위에 돼지고기를 올려놓고 칼을
뽑아 잘라서 먹어치웠다.

"훌륭하도다. 과연 장사로구나. 어떤가, 한 잔 더 마실 수 있
겠나?"

"죽음도 두려워하지 않는 사람인데, 술 한두 잔 따위를 어찌
사양하겠습니까? 그러나 마시기 전에 대왕께 한 말씀 드리고자
합니다. 진나라 왕은 잔인하기가 호랑이보다 더했고, 수없이
많은 사람을 죽였으며, 가혹한 형벌에 우는 자가 많았습니다.
천하가 모두 그에게 반기를 든 것도 그 때문이었습니다. 그리하
여 회왕께서는 여러 장수들에게 약속하시기를, 진나라를 격파

하여 함양에 가장 먼저 진입한 사람을 관중의 왕으로 세우겠다고 하셨습니다.

그런데 패공은 가장 먼저 입성하셨으나 진나라의 재물에는 손도 대지 않고 궁전을 수비하게 한 후, 군사를 패상으로 후퇴시켜 대왕께서 오시기만을 기다리고 있었습니다. 함곡관을 수비한 것은 도적의 침입과 위급한 사태에 대처하기 위해서였습니다. 패공은 이렇게 공을 세웠는데 상을 내리시기는커녕 소인배의 모략을 듣고 패공을 죽이려고 하시니, 진나라와 다를 것이 뭐가 있습니까? 설마 그것이 대왕의 진심은 아니겠지요?"

항우는 이 말에 아무런 대꾸도 하지 않고 단지 한마디 할 뿐이었다.

"자리에 앉으라."

번쾌는 장량 옆에 앉았다. 잠시 뒤, 패공은 변소에 다녀오겠다며 자리를 빠져나갔다. 번쾌도 그를 따라 자리에서 일어났는데, 나가더니 돌아오지 않았다. 항우는 도위都尉 진평에게 패공을 불러오도록 했다. 그런데 패공은 이미 군문 밖으로 번쾌를 데리고 나와버렸다.

"항왕에게 하직 인사도 하지 않고 나왔으니 일을 어쩌면 좋소?"

"큰일을 행할 때에는 작은 일은 돌아보지 않는 법이며, 큰 예의를 이루고자 할 때에는 작은 것은 포기하는 법입니다. 지금 우리는 도마 위에 오른 생선 신세입니다. 목숨이 위험한 판국에

79

하직 인사라니 당치도 않은 말입니다."

번쾌의 대답을 들은 패공은 그 길로 도망칠 결심을 했다. 그 대신 장량이 남아 항우에게 사과하게 했다. 장량이 패공에게 물었다.

"항왕에게 드릴 선물로 무엇을 가지고 오셨습니까?"

"항왕에게 선물하려고 백벽白璧 한 쌍을 가져왔고, 범증에게는 옥두玉斗 한 쌍을 가지고 왔소. 그렇지만 저들이 워낙 화를 내고 있어서 감히 내놓질 못했소. 나 대신 귀공이 바쳐주시오."

이때 항우의 군대는 홍문 아래 있었고 패공의 군대는 패상에 있었으니, 그들의 거리는 불과 40리밖에 되지 않았다. 패공은 자신이 타고 온 수레와 경비병들을 버려둔 채 홀로 말을 타고 달렸다. 번쾌, 하후영, 근강, 기신 네 사람의 장수만이 칼과 방패만을 들고 도보로 뒤따르며 수행했다.

일행은 여산 기슭을 거쳐 지양으로 통하는 샛길로 빠져나가고자 했다. 그곳을 떠나면서 패공은 장량에게 이렇게 지시했다.

"이 길로 가면 우리 군영까지 20리에 불과하니, 잠깐이면 갈 수 있소. 내가 군영에 도착할 때쯤 귀공은 항우의 연회석으로 돌아가시오."

홍문을 탈출한 패공이 무사히 패상에 도착할 무렵, 장량은 연회석으로 돌아가 항우에게 사죄했다.

"패공은 원래 술에 약한 체질이어서 하직 인사도 드리지 못했습니다. 그래서 명을 받고 제가 대신 백벽 한 쌍은 대왕께, 옥두

한 쌍은 대장군 범증께 바치니 받아주시기 바랍니다."

이에 항우가 물었다.

"패공은 지금 어디 있는가?"

"대왕께서 질책하시리라 여기고 빠져나가 홀로 떠났습니다. 이미 패상에 있는 군영에 돌아갔을 것입니다."

그러자 항우는 백벽을 받아서 자기 방석 위에 두었다. 그러나 범증은 옥두를 받아들자마자 땅에 놓고는 칼을 뽑아 박살내버렸다.

"이토록 세상을 모르는 풋내기와 무슨 거사를 한단 말인가! 천하는 반드시 패공의 몫이 될 것이고, 우리는 머지않아 패공의 포로가 될 것이다."

한편 패공은 군영에 도착하는 즉시 조무상을 잡아 죽였다.

항우와 유방의
본격적 대결

　그로부터 며칠 후, 항우는 군사를 거느리고 함양에 입성하여 대학살을 감행했다. 이미 항복한 진나라 왕 자영을 죽이고, 궁전에는 불을 질렀다. 불은 석 달 동안이나 계속되었다. 항우는 궁전의 재화와 여자들을 모두 약탈해서 동쪽으로 돌아가려고 했다. 그러자 어떤 사람이 항우에게 말했다.

　"관중은 사방이 물과 산으로 둘러싸인 요충 지대입니다. 토지도 비옥하니 천하를 호령할 만한 곳인데 도읍으로 삼지 않고 어찌 버리고 돌아가시려고 하십니까?"

　그러나 진나라 궁전은 이미 불에 타버렸고, 항우는 큰일을 완수한 때문인지 무조건 고향으로 돌아가고 싶은 마음뿐이었다.

"아무리 부귀해져도 고향에 돌아가지 않으면 무슨 소용이란 말인가? 금의를 입었으면 환향을 해야지, 금의를 입고 어두운 길을 거닌들 누가 알아준단 말이냐?"

이 말을 듣고 그 사나이는 이렇게 중얼거렸다.

"세상 사람들이 초나라 인간은 원숭이 공公에게 관을 씌운 꼴이라더니 그 말이 과연 맞군"

이 말을 들은 항우는 분노하여 그 사나이를 가마솥에 넣고 삶아 죽이도록 명했다. 그런 후 항우는 회왕에게 사자를 보내어 관중을 평정했다고 알렸다. 회왕은 "약속한 대로 하라."고 지시했다. 그러자 항우는 초나라 회왕을 받들어 의제義帝라 칭했다. 그 다음에는 항우 자신이 왕이 될 차례였다. 그러나 여러 장군과 대신들을 동시에 왕으로 봉해야 했다. 항우는 그들을 소집하고는 이렇게 제의했다.

"우리가 처음에 봉기를 했을 때, 반진反秦의 기치라는 대의명분 때문에 제후의 후예들을 내세웠소. 그러나 실제로 전쟁터에 나가 무기를 잡고 싸운 지 3년 만에 진나라를 멸망시키고 천하를 평정한 것은 여러 장군과 대신들, 그리고 나였소. 의제께서는 비록 전공은 없으시지만 당연히 영지를 나누어드리고 왕으로 삼는 것이 마땅하오."

"옳은 말씀이오. 당연합니다."

장군들은 모두 찬성했다. 항우는 즉시 천하를 나누어서, 여러 장군과 대신들을 왕과 후侯의 자리에 고루 앉혔다. 항우와 범증의 가장 큰 걱정거리는 패공이 천하를 차지하지 않을까 하는 것이었다. 그러나 이미 패공과 강화했고, 먼저 약조를 위반하면 제후들이 배반할 위험이 있었다. 두 사람은 은밀히 모의했다.

"파와 촉은 길이 험하고 교통이 불편한 데다 진나라의 유배자들이 모여 살고 있지 않습니까? 그러니 패공에게 파와 촉 땅을 주는 게 좋겠습니다."

"좋소. 파나 촉도 관중 땅임에는 틀림없으니, 회왕의 약조를 어기는 것은 아니지요."

항우는 패공에게 파, 촉, 한중의 땅을 주어 한왕漢王에 봉하고 남정에 도읍을 정하도록 했다. 그런 후 장수들과 제후들에게도 논공행상을 시행했다.

패공 유방이 한왕에 봉해진 후 그를 한왕이라 칭하게 되는데, 이 명칭은 항우를 물리치고 천하를 통일한 후 한 고조가 될 때까지 지속되었다.

한나라 원년(기원전 206년) 4월, 제후들은 휘하 군대를 철수시키고 각자 자신의 영지로 떠났다. 항우는 관중으로부터 자신이 봉해진 곳으로 와서는 의제(초나라 회왕)를 다른 영지로 보내려고 사자를 통해 이렇게 말했다.

"예로부터 황제의 영지는 사방 천 리 넓이로, 반드시 강의 상류에 있어야 된다고 합니다."

사자는 이런 이유를 대며 의제를 장사의 침현으로 옮기도록 하고, 떠밀다시피 도읍에서 떠나게 했다. 그러자 의제를 섬기고 있던 신하들도 점차 사라져 의제는 오갈 데 없는 신세가 되었다. 결국 의제는 항우의 은밀한 명을 받고 파견된 형산왕 오예와 임강왕 공오에 의해 장강을 건너는 도중에 죽임을 당하기에 이르렀다.

한왕 유방도 제후들과 마찬가지로 자신의 영지를 향해 떠났다. 이때 항우는 병력 3만 명으로 하여금 한왕을 수행하도록 했다. 그를 수행할 지원병을 모집하자, 초나라와 다른 제후국들에서 수만 명의 병사들이 모여들었다. 그들은 두현 남쪽에서 계곡 지대 식으로 진입했다. 그곳을 통과한 한왕은 잔도棧道를 모두 불태워 끊어버렸다. 제후군의 병사들 가운데 탈주한 자들이 습격하는 것을 방지함과 동시에 한왕 자신이 동쪽으로 병사를 돌릴 의사가 없음을 항우에게 알리기 위함이었다.

이윽고 그들은 수도 남정에 도착했다. 병사 중에는 도중에 도망하는 자도 많았다. 끝까지 따라온 자들도 고향을 그리워하며 고향의 민요를 부르곤 했다. 이 모습을 본 한신이 한왕을 설득했다.

"항우는 공로가 있는 여러 장수를 각지의 왕으로 봉했습니다. 그러나 유독 우리 왕만은 이런 산골에 보냈으며, 이는 유배와 다르지 않습니다. 한편 우리 군사들은 모두 동쪽 지방 출신들이기 때문에 늘 고향을 그리고 있습니다. 그들의 고향을 그리는 심정을 이용한다면 어떤 일이라도 이룰 수 있을 것입니다. 천하의 대세가 결정되어 백성들이 평안해지면 이미 때는 늦습니다. 지금 이 순간을 놓치지 말고 군사를 동쪽으로 진격하시어 천하의 패권을 쟁취하십시오."

그리하여 한나라 원년(기원전 206년) 8월, 한왕은 한신의 계략을 채택하고, 도로를 우회하여 옹왕 장한을 기습했다. 장한은 한나라 군을 맞아 싸웠으나 패하여 도망쳤고, 호치에서 다시 싸웠지만 역시 패하고 말았다. 장한은 결국 폐구로 도망쳤다.

한왕은 옹 땅을 평정하는 한편 군사를 동쪽 함양으로 진격시켜 장한이 머물고 있는 폐구를 포위했다. 이와 동시에 장수들에게 명하여 농서, 북지, 상군을 공략하게 했다. 또 장군 설구와 왕흡에게는 남양에 머물고 있는 왕릉의 병력을 빌려, 패현에 남아 있던 한왕의 부친 태공과 부인 여후를 모셔오도록 했다.

이 소식을 들은 초나라는 군사를 일으켜 양하에서 그들을 저지하여 전진하지 못하게 했다. 또한 과거 오나라 장관 정창을 한왕으로 삼아서 한나라 군사의 동진을 저지토록 했다.

앞서 논공행상에서 항우는 제나라 왕 전시를 교동으로 좌천시키고, 제나라 장군 전도를 제왕으로 삼았다. 이 소식을 들은 제나라 재상 전영은 분노했다. 그는 전시를 교동으로 보내지 않은 채 전국적인 반란을 일으켜 전도가 왕위에 오르는 것을 막았다. 어쩔 수 없게 된 전도는 초나라로 망명했다. 그런데 정작 항우의 보복이 두려웠던 제왕 전시는 몰래 나라를 빠져나가 교동으로 가서 항우가 임명한 자리에 취임하고 말았다.

화가 머리끝까지 치민 전영은 전시를 추격하여 도읍 즉묵에서 살해하고 스스로 제왕에 즉위했다. 그 후 군대를 서쪽으로 진격시켜 제북왕 전안까지 살해하고 3제三齊(제, 제북, 교동)를 모두 차지했다.

그 후 전영은 팽월에게 장군의 인수를 부여하고 양 땅에서 반란을 일으키게 했다. 그러자 조나라 장군 진여는 장동과 하열을 파견하여, 제왕 전영에게 자신의 뜻을 전달하도록 했다.

"항우는 천하의 지배자가 되었으나 하는 짓은 불공평하기 짝이 없습니다. 진나라를 토벌하는 데 공적을 세운 제왕에게는 쓸모없는 땅이나 주고, 좋은 영토는 모두 자기 직속 부하와 심복 장군들에게 나누어주었습니다. 그리고 원래 그곳에 있던 군주들을 내쫓는 횡포를 저질렀습니다. 저의 군주님도 북방의 변경 지대인 대 땅으로 쫓겨났습니다. 따를 수 없는 조치입니다.

이런 판국에 대왕께서 군사를 일으키신 것은 불의를 용납하지 않는다는 대의명분에 합당한 것이 분명합니다. 바라건대, 저에게 대왕의 병력을 나누어주십시오. 병력을 주신다면 저는 상산왕 장이를 공격하여 내쫓고, 북방으로 쫓겨난 조왕의 원래 영지를 회복해놓겠습니다. 그 일이 이루어진다면 조나라를 귀국의 훌륭한 방어막으로 삼을 수 있을 것입니다."

제왕 전영은 이 요청을 허락하고 군사를 조나라에 파견했다. 진여는 자신에게 주어진 남피 근교 세 현의 군사를 이끌고 제나라 군사와 더불어 상산왕을 공격하여 크게 격파했다. 그러자 장이는 한나라로 도망쳤다. 진여는 쫓겨났던 조왕 헐을 대에서 모셔와 다시 왕위에 앉혔다. 이 공로를 인정하여 조왕은 진여를 대왕代王으로 삼았다.

한나라 2년(기원전 205년) 겨울, 항우는 북상하여 제나라 성양으로 군사를 진격시켰다. 제나라도 전영 자신이 군사를 이끌고 출동했고, 이곳에서 양군은 격돌했다. 그러나 항우의 군을 당해낼 수 없게 된 전영은 평원으로 도망갔으나 결국 그곳 백성들 손에 잡혀 죽고 말았다.

항우는 그대로 북상을 계속하면서 성곽이나 가옥을 불사르고, 투항한 전영의 병사를 모조리 생매장시켰으며, 노인이나 여자들 또한 모두 포로로 잡았다. 이런 식으로 제나라를 평정하여 발해만까지 군대를 진격시키면서, 지나가는 곳마다 살육과 파괴를 일삼았다. 이렇게 되자 제나라 백성들은 항우에게 필사적인 저항을 했고, 각지에서 봉기했다.

전영의 동생 전횡 또한 수만 명에 이르는 제나라의 패잔병을 모아 성양에서 반란을 일으켰다. 그 때문에 항우는 제나라에 남아서 여러 차례 이들과 싸웠는데, 끝내 진압하지 못했다.

한왕 유방, 기지개를 펴다

  한나라 2년(기원전 205년), 한왕 유방은 동쪽으로 진격하기 시작했다. 그러자 새왕 사마흔, 적왕 동예, 하남왕 신양이 차례로 투항했다. 다만 한왕韓王 정창만이 항복하지 않자, 한신으로 하여금 그를 공략하여 결국 굴복하도록 했다.

  그 후 한왕은 관내에는 농서·북지·상군·위남·하상·중지 등의 현을 설치하고, 관외에는 하남군을 설치하여 행정구역을 정비했다. 정창의 후임으로는 한나라 태위 신을 한왕韓王으로 세웠다.

  또 적의 장군들 중에서 병력 1만이나 1군郡을 이끌고 투항한 자는 만호후萬戶侯에 봉했다. 또한 하상군의 요충 지대를 수복하고, 진나라 황실의 광대한 방목지, 이궁, 원지 등을 모두 백성들에게 농지로 개방했다.

한왕은 함곡관을 출발하여 섬 땅에 가서 그곳 유력자들의 지지를 얻고 돌아왔다. 그 무렵 진여에게 패한 조왕趙王 장이가 몸을 의탁해오자 한왕은 그를 후하게 대접했다.

한나라 2년 2월, 한왕은 진의 사직社稷을 없애고 그 대신 한의 사직을 세웠다. 3월, 한왕이 임진을 통해 황하를 건너자 위왕 표가 전군을 이끌고 투항해왔다. 이어서 한왕은 하내를 함락시키고 은왕을 포로로 잡은 후 그곳을 직할 하내군으로 정했다.

그곳에서 다시 남하하여 평음을 통해 황하를 건너 낙양에 입성했다. 이때 신성의 삼로三老인 동공이 한왕에게 알현을 청하고, 의제가 살해된 진상을 이야기했다. 이 이야기를 들은 한왕은 어깨를 드러낸 채 통곡하며 의제를 추모하기 위해 3일상을 거행한 뒤, 제후들에게 격문을 돌려 이 사실을 알렸다.

"의제를 천자로 옹립하고 섬기는 것은 천하가 약속한 일이었다. 그런데도 항우는 의제를 강남으로 쫓아내고 살해했으니 이 얼마나 대역무도한 짓이란 말인가! 나 한왕은 친히 상을 발표하니, 제후들은 모두 흰 상복을 입도록 하라. 나 한왕은 관내의 모든 병력을 소집하여 하남·하동·하내의 장병을 장악한 후에 장강과 한수를 따라 남하할 것이다. 이는 의제를 살해한 초나라 항우를 제후들과 함께 토벌하고자 함이다."

한나라 2년 봄, 한왕은 다섯 제후들의 56만에 이르는 대병력을 거느리고 초나라를 공략하려 했다. 이 사실을 안 항우는 제나라 공략을 부하 장수에게 맡기고 자신은 정예군 3만을 이끌고 남하하여, 노나라에서 호릉으로 진군했다. 4월, 한군은 이미 초나라의 수도 팽성에 입성했다. 그들은 성을 장악하고 재화와 보물, 미녀를 약탈한 뒤 매일 주연을 베풀며 승리에 도취되어 있었다.

이런 허점을 간파한 항우는 군대를 서쪽으로 옮겨 소를 거점으로 삼고 한군을 새벽에 기습 공격했다. 항우의 공격은 성공하여, 점심 때가 지나자 한군은 일시에 무너지고 말았다. 도망가다가 곡수와 사수에 빠져 죽은 한나라 병사만 10여만 명에 이르렀다. 나머지 한나라 병사들도 남쪽 산속으로 도망쳤다. 초나라 군이 이들을 추격하니, 한나라 병사들은 영벽 동쪽 수수 부근에서 오도 가도 못하게 되었다. 강가로 퇴각한 병사들도 초나라 군에게 밀려 많은 병사들이 죽임을 당했다. 10여만 명의 병사가 한꺼번에 물속으로 뛰어들어 수수의 흐름이 잠시 멈출 정도였다.

힘을 얻은 초나라 군은 한왕을 겹겹이 포위했다. 이때 서북쪽에서 돌풍이 불어와 나무가 부러지고 가옥이 쓰러지고 모래가 하늘을 가려 사방이 어두워지는 변괴가 일어났다. 돌풍이 초나라 군을 향해 불어오자 초군은 혼비백산하여 우왕좌왕했다. 이 틈을 놓치지 않고 한왕은 수십 기의 부하와 더불어 포위망을 뚫고 겨우 탈출할 수 있었다.

　한왕은 고향인 패현에 들러서 가족들을 데리고 관중으로 가고자 했다. 그러나 항우 쪽에서도 사람을 보내 한왕 가족을 인질로 잡을 계획을 세웠다. 이 사실을 안 가족들은 급히 도망쳐 한왕과는 길이 엇갈리고 말았다. 다행히 한왕은 가는 도중에 효혜와 노원 두 자녀를 만나서 수레에 태우고는 길을 재촉했다. 그 순간 항우의 기병대가 한왕의 수레를 쫓아왔다. 한왕은 다급한 마음에 자식들을 수레 밖으로 밀어냈다. 그러나 수레를 몰던 등공 하후영이 그들을 다시 수레에 태웠다. 이렇게 하기를 세 번이나 계속했다. 등공은 화를 내며 이렇게 말했다.

　"상황이 아무리 다급하다고 해도 자기 자식을 버리려고 하다니, 하늘이 무섭지도 않습니까?"

　이런 천신만고 끝에 한왕은 겨우 탈출할 수 있었다. 그 후 한왕은 부친 태공과 부인 여후를 찾아보았으나 도저히 만날 수 없었다.

　사실 태공과 여후는 심이기審食其라는 경호원과 함께 샛길로 빠져 한왕을 찾고 있었는데, 그러던 중 초나라 병사의 눈에 띄고 말았다. 초군은 그들을 잡아 데려가 항우에게 보고했다. 항우는 그들을 인질로 삼고 오랫동안 군영에 잡아두었다.

　"도대체 믿을 수 있는 사람이 없어. 이런 자들과는 천하의 대사를 의논해봤자 아무런 소득도 없지."

92　고뇌에 찬 한왕의 말에 알자謁者 수하가 나아가 말했다.

"폐하, 혹시 제게 맡기실 일은 없으신지요?"

한왕이 말했다.

"누가 나를 위해 회남에 사신으로 다녀왔으면 한다. 자네가 구강왕 경포를 설득해서 초나라에 반기를 들도록 할 수 있겠는가? 만일 경포가 반란을 일으켜 항우를 몇 달 동안만 제나라에 머물게 한다면, 반란을 진압하고 다시 천하를 차지할 수 있을 텐데."

"제가 사신으로 가도록 해주십시오."

수하는 수행원 20명을 데리고 회남으로 떠났다. 그는 구강에 도착하자 궁중의 음식을 담당하는 관리를 통해 왕을 알현할 수 있게 해달라고 부탁했지만, 사흘이 지나도록 허락을 받아낼 수 없었다. 수하는 관리를 다시 설득했다.

"왕께서 저를 만나지 않는 것은 현재 초나라가 강대하고 한나라에는 승산이 없다고 생각하시기 때문인 줄 압니다. 그래서 제가 귀국을 찾아온 것입니다. 분명히 말씀드려주십시오. 만일 제가 말씀드리는 바가 옳다면 왕께서 채택하시면 되고, 옳지 않으면 우리 일행 20명을 시장 바닥에서 참수에 처하십시오. 왕께서 우리를 참수하시면, 한나라를 적으로 삼고 초나라를 벗으로 삼는다는 왕의 입장을 확실히 세상에 밝히는 일입니다. 어느 쪽을 택하시든 왕께서는 전혀 손해될 것이 없습니다."

관리가 그 말을 전하자 그제야 구강왕 경포는 알현에 응했다. 수하는 그 자리에서 말했다.

"한왕漢王은 저를 시켜 대왕께 삼가 친서를 바치게 하셨습니
다. 그런데 친서를 바치기 전에 대왕께 몇 말씀 여쭙고 싶습니
다. 대왕께서 초나라와 친선을 유지하는 까닭이 무엇입니까?"

경포가 시큰둥하게 대답했다.

"초나라 왕을 섬기는 신하이니 당연한 일 아니겠소?"

이 말을 들은 수하는 정색을 하고 말했다.

"처음에 대왕과 초나라 항왕은 동등한 제후였습니다. 그런데
지금은 항왕을 섬기는 신하라고 하십니다. 그 까닭은 현재 초
나라가 강대하므로 초나라에 의지하면 안전할 것이라고 생각
하기 때문일 것입니다. 항왕은 지난번 제나라를 공략할 때 성
을 쌓기 위한 자재를 직접 어깨에 메고 병사들의 선봉이 되었지
요. 항왕이 그토록 분전하고 있다면 대왕께서도 마땅히 회남의
병력을 동원하여 직접 지휘를 맡으시고 초군의 선봉에 서셨어
야 합니다. 그러나 대왕께서는 겨우 4천 명의 병력만을 보냈을
뿐입니다. 왕을 섬기는 자가 그렇게 하면 되겠습니까?

그뿐이 아닙니다. 한왕이 지난번 팽성을 공격했을 때도 대왕
께서는, 항왕이 제나라에서 달려오기 전에 회남의 병사를 이끌
고 달려가 팽성에서 대응하셨어야 합니다. 그러나 대왕께서는
병력을 보존하기 위해 자신의 장병 중 단 한 사람도 회수를 건
너게 하지 않은 채, 어느 쪽이 이기는지 수수방관하고 있었습니
다. 그런 행동은 충성이라는 이름을 걸었을 뿐, 초나라의 비호
만 기대하고 있다는 비방을 듣기 쉽습니다. 대왕을 위해 말씀드

립니다. 이 문제는 보통 일이 아닙니다."

잠시 말을 끊은 수하는 이윽고 다시 입을 열었다. 그동안 경포는 아무 말 없이 귀를 기울일 뿐이었다.

"대왕께서 초나라를 배반하지 않는 것은 초나라의 적인 한나라가 약하다고 생각하시기 때문입니다. 확실히 초나라가 강하다는 점은 인정하겠습니다. 그러나 초나라에 대한 천하의 평판은 나쁩니다. 맹약을 저버리고 의제를 시해했기 때문입니다. 그런 악행을 하면서도 군사력이 강하다는 점만을 내세워 과신하고 있습니다. 반면에 한왕께서는 제후들의 절대적인 지지를 받고 있습니다. 성고와 형양이라는 유리한 두 거점을 기반으로 촉과 한에서 식량을 운반해오고 물길을 깊이 파서 망루를 단단히 하고 있으며, 국경 수비에 힘을 기울여 만전의 태세를 갖추고 있습니다.

그러나 초나라는 적진으로 너무 깊이 들어와 있을 뿐 아니라 중간에는 양나라마저 버티고 있어 싸울 수도 없고 자신의 나라로 돌아갈 수도 없는 진퇴양난에 처해 있습니다. 심지어 늙은이와 아이들까지 천 리 밖에서 식량을 운반하도록 시키고 있는 형편입니다. 초나라가 형양과 성고를 공격하더라도 한나라군이 굳게 지키고 있으면 초나라 군대는 어쩔 수 없을 겁니다. 그래서 초나라 군대는 믿을 만하지 못하다고 소문이 난 것입니다. 만일 한나라가 초나라에 비해 열세에 놓여 있다 하더라도, 제후들은 다음에는 자신들이 위험해질 것이라 여겨 한나라를 구하러 달려올 것입니다.

초나라가 강하다는 것은 그만큼 적을 많이 만들고 있다는 뜻이기도 합니다. 분명한 것은 초나라에게는 승산이 없다는 것입니다. 그런데 대왕께서는 모든 것이 갖추어진 한나라 편에 서지 않고 멸망할 위기에 처한 초나라 편에 서 계시니 참으로 납득하기가 어렵습니다. 물론 회남의 병력만으로는 초나라를 무찌르기에 충분하지 않습니다. 그러나 대왕께서 초나라에 반기를 들면 항왕은 제나라에 머무르며 신경을 쓸 것입니다. 대왕께서 그렇게 몇 달 동안만 항왕을 괴롭혀주신다면, 그 사이에 우리 한나라는 천하를 차지할 수 있습니다. 대왕의 병력은 그런 일을 하는 데 중요한 역할을 할 것입니다.

청컨대 우리 한나라로 와주십시오. 그렇게 하시면 한왕께서는 천하를 차지한 후 대왕께 큰 나라 하나를 내리실 것입니다. 원래 대왕의 소유인 이 회남은 나중에도 대왕의 소유가 될 것입니다. 이런 까닭에 한나라 왕께서 저를 보내 부족하나마 계책을 말씀드리게 한 것입니다. 부디 유념해주십시오."

수하의 말이 끝나자 경포는 고개를 끄덕였다.

"알겠소. 한왕의 명령에 따르겠소."

경포는 초나라를 배반하겠다는 뜻을 전했다. 그러나 이 약속은 밀약으로, 외부에는 누설하지 않았다. 이때 영빈관에는 초나라 사신이 와서 지원군 파견을 매일같이 독촉하고 있었다. 그
런데 경포가 초나라를 배반하겠다고 약속하자마자 수하는 즉

시 영빈관으로 들어가서 초나라 사신이 앉는 상좌를 차지한 채
이렇게 선언했다.

"구강왕께서는 이미 한나라 편이 되셨다. 그런데 어찌 초나라
의 명령을 듣겠는가?"

경포는 아차 싶었으나 엎질러진 물이었다. 수하의 말을 들은
초나라 사신은 이내 자리를 떠났다. 수하는 재빨리 경포를 설
득했다.

"어차피 벌어진 일입니다. 초나라 사신을 죽여 돌아가지 못하
게 하십시오. 그런 후 즉각 한나라에 투항하시고 힘을 합쳐야
합니다."

"그 말이 옳소. 어차피 이렇게 된 바엔 병사를 일으켜 초나라
를 공격할 수밖에 없소."

초나라 사신을 죽인 경포는 드디어 초나라 공격을 위해 군사
를 일으켰다. 그러자 항우는 항성과 용저, 두 장군에게 명하여
회남을 공략하도록 했다. 항우 자신은 한漢나라 군사가 있는 하
읍을 계속 공격했다.

몇 달 후 회남으로 출격한 용저는 경포의 군을 격파했다. 경
포는 남은 군사를 이끌고 한나라로 달아날까 했지만, 모두가 움
직이면 전체가 괴멸할 우려가 있다고 보고 군사를 그 자리에 둔
채, 수하와 단 둘이 샛길로 빠져나와 한나라로 피신했다.

경포가 도착하여 한왕에게 인사를 갔을 때, 한왕은 침상에 허
리를 기댄 채 발을 씻고 있었다. 그 모습을 본 경포는 화가 치밀

어 귀순한 것을 후회하고, 이제는 자살하는 길밖에 없다고 탄식했다. 그런데 숙소에 돌아가 보니 시설과 수레, 식사와 시종, 모두가 한나라 왕과 똑같았다. 이렇게 극진한 대우를 받자 경포는 즉시 마음이 풀어졌다.

그곳에서 경포는 몰래 부하를 구강에 들여보냈다. 그러나 초나라에서는 이미 항백이 경포의 군사를 손에 넣고, 경포의 처자식까지 살해한 뒤였다. 경포가 파견한 사자는 남은 경포의 인척과 신하 수천 명만을 이끌고 돌아왔다.

진평의 계략

　한왕 유방은 군사를 형양으로 이동시키고 여러 장군의 패잔병도 이곳에 모이게 했다. 또한 관중에 남아서 뒷일을 책임지고 있던 소하는 징집 장부에도 없는 노약자 중에서 가려낸 증원군을 보내왔다. 이렇게 해서 한군은 겨우 세력을 회복할 수 있었다.

　한편 초나라 군사는 팽성 승리의 여세를 몰아 패주하는 한군을 추격하여 형양 남쪽 경과 색 일대까지 쳐들어왔다. 그러나 한군의 반격으로 형양에 갇혀 있는 상태였다. 또한 제나라에서는 항우가 형양까지 한왕을 추격하는 사이에, 전횡田橫이 국가를 장악하고 전영의 아들 전광田廣을 왕으로 세웠다.

그 무렵 제후들은 한왕이 팽성에서 패배하자, 다시 초나라 쪽으로 결집하고 있었다. 형양에 포진한 한나라 군사는 군용도로를 구축하여 황하까지 연결하고 오창에서 식량을 조달했다.

한왕 3년(기원전 204년), 초나라는 여러 차례 한군의 군용도로를 습격하여 식량을 탈취했다. 그 때문에 한나라는 군량이 부족해졌다. 이대로 계속 가다가는 굶어 죽을 판이었다. 한왕은 불안한 나머지 한나라 영토를 형양 서쪽까지로 제한한다는 조건을 내세워 강화를 청했다. 항왕이 이 조건을 받아들이려 하자, 역양후歷陽侯 범증이 말렸다.

"이제는 한나라를 겁낼 이유가 없습니다. 이 기회에 한나라를 해치우지 않는다면 훗날 반드시 후회할 것입니다."

그 말이 옳다고 여긴 항우는 범증과 함께 형양을 포위했다. 형양성에 갇힌 한왕은 어느 날 진평陳平을 불러 물었다.

"이 전쟁이 언제까지 갈 것 같소?"

계책이 뛰어나다고 소문난 진평이 말했다.

"항왕은 부하를 사랑하고 겸손하므로, 예의를 숭상하는 많은 선비들이 모여들었습니다. 그러나 논공행상을 실시하면서 작위와 봉지封地를 내리는 것에 너무 인색하여 많은 선비가 떠나갔습니다. 반면에 대왕께서는 오만하시고 불손한 처신이 많으셔서 청렴하고 절개가 있는 선비들은 오지 않았으나, 논공행상에 있어서는 작위나 봉읍을 아낌없이 내주셨기 때문에 이익을 탐하는 사람들이 많이 모여들었습니다. 양자의 단점을 버리고 장점만을 취하신다면, 대왕은 천하를 평정하실 수 있을 것입니다. 그런데 대왕께서는 여전히 부하들을 모욕하시기 때문에 청렴한 선비들은 얻을 수가 없습니다.

초나라에도 단점이 없는 것은 아닙니다. 항왕에게 충성을 바치는 강직한 신하는 범증, 종리매, 용저, 주은 등 몇 사람에 불과합니다. 그러므로 수만 근의 황금을 이용해 군신 관계를 이간질시켜 서로 의심하도록 공작하는 것이 좋을 듯합니다. 의심이 많은 항왕의 성격으로 볼 때, 틀림없이 내분이 벌어질 것입니다. 그 틈을 노려서 공격하면 초나라를 격파할 수 있으리라 생각합니다."

한왕은 그 의견을 받아들였다. 그래서 당장 황금 4만 근을 마련해서 진평에게 주었다.

"이 돈을 그대 마음대로 사용하시오. 돈의 출처는 보고할 필요도 없소."

진평은 즉각 공작에 들어갔다. 황금을 마구 뿌리면서 첩자를 초나라 진중에 침투시키고 공개적으로 유언비어를 퍼뜨리게 했다.

"종리매와 여러 장군은 항왕의 장수로서 큰 공을 세웠다. 그러나 항왕이 왕으로 봉하지 않았기 때문에 한나라와 내통하여 항왕을 멸망시키고 왕이 되고자 획책하고 있다."

이렇게 되자 과연 항왕은 종리매 등 여러 장수를 불신하기 시작했다. 그러면서 항왕은 소문의 진위를 확인하기 위해 한나라

101

진영에 사신을 보냈다. 사신이 온다는 소문을 들은 한왕은 호화로운 연회석을 마련했다. 또 왕자에게 제공되는 정鼎까지 준비했다. 이렇게 모든 준비를 마친 뒤에 사신을 맞아들였는데, 사신의 얼굴을 보고는 놀란 척하며 말했다.

"뭐야, 범증의 사신인 줄 알았더니 항왕의 사신이로군."

그러고는 풍성한 요리를 취소시키고 그 대신 소박한 음식을 내오게 했다. 초나라 사신이 돌아가 이런 정황을 상세히 보고했다. 그 사건으로 인해 범증에 대한 항왕의 믿음은 무너졌다. 그때 범증은 형양성을 급습하는 작전을 제안했는데, 항왕은 그의 말을 의심하며 상대하지 않았다. 항왕이 자신을 의심하고 있음을 깨달은 범증은 화를 내며 말했다.

"이제 천하의 대세는 확정되었으니, 앞으로는 대왕께서 직접 경영하십시오. 저는 늙고 쓸모없는 몸이 되었으니 고향으로 돌아가게 해주십시오."

이 말을 남기고 항왕과 작별한 범증은 팽성으로 돌아가던 중, 등에 난 종기가 악화되어 죽고 말았다. 이렇게 되자 진평은 기회를 노려 여자와 어린이 2천 명을 형양성 동문 밖으로 내보냈다. 그러자 초나라 군이 이들을 공격했다. 이 틈을 노려 한왕은 서문을 통해 밤중에 탈출할 수 있었다. 한왕은 함곡관으로 일단 피신했다가 다시 흩어진 병사를 모아서 동진하기 시작했다.

항우와 유방의 끝없는 대치

　형양을 탈출한 한왕은 함곡관을 지나 관중에 닿자마자, 군을 재편성하여 즉각 동진을 개시하려고 했다. 그러자 원생이 진언했다.

　"한군과 초군이 형양에서 대치한 지 이미 수년이 지났는데, 우리 한나라가 늘 어려움을 겪었습니다. 이번에는 전략을 수정하여 남쪽의 무관부터 공격하도록 하십시오. 분명 항우는 군사를 남쪽으로 돌릴 것입니다. 그러면 대왕께서는 무관에서 굳게 수비만 하시면서 초군을 상대로 시간을 끄십시오. 그 사이에 형양과 성고 지방에 머물고 있는 우리 병사들은 휴식을 취할 수 있을 것입니다. 그러는 한편 한신을 보내어 하북과 조나라를 제

압하게 하시고 연나라, 제나라와 동맹을 맺게 하십시오. 그런
후에 형양을 공략하셔도 늦지 않습니다. 이렇게 하면 초군은 여
러 곳에서 방위를 해야 하니 힘을 분산시킬 수밖에 없습니다.
반면에 우리 편은 충분히 휴식을 취했기 때문에 틀림없이 초군
을 이길 수 있을 것입니다."

한왕은 그의 계략을 받아들여, 군사를 이끌고 남쪽의 완과 섭
땅 사이로 나아가면서 경포와 함께 병사를 증강하며 행군했다.
그러자 항우는 과연 군사를 거느리고 남하해왔다. 그렇지만 한
왕은 수비만 할 뿐 싸움에 나서지 않았다. 이때 팽월의 군사가
수수를 건너서, 팽성 동쪽 하비에 머물고 있던 항성과 설공이
지휘하는 초군을 공격하여 크게 무찔렀다. 항우가 급히 완에서
철수하여 팽월을 공격하니, 한왕도 병사를 이끌고 북상하여 성
고에 진주했다.

팽월을 격퇴시킨 항우는 한왕漢王이 성고에 진주했다는 소식
을 듣자 급히 군사를 돌려 서쪽의 형양을 함락시킨 뒤, 어사대
부 주가와 종공을 죽이고 한왕韓王 신信을 포로로 잡은 후 성고
를 포위했다. 당황한 한왕은 하후영 등공과 단둘이서 수레를 타
고 성고 성을 빠져나온 뒤 황하를 건너 조나라의 수무까지 단숨
에 달아난 후에야 휴식을 취할 수 있었다.

이튿날 아침 한왕은 자신을 한왕의 사자라고 사칭하고, 장이
와 한신이 방비하고 있는 성으로 들어가 그들의 군사를 탈취했
다. 한왕은 장이에게 명하여 더 많은 병력을 모집하게 했으며,

한신에게는 동쪽으로 진출하여 제나라를 공략하도록 했다.

그 후에도 한왕과 항왕은 수개월 동안을 대치했다. 이때 팽월이 여러 차례 양나라 지역에서 유격 작전을 펼쳐 초군의 군량 보급을 차단했다. 이에 항왕은 위협을 느꼈다. 그리하여 항왕은 높은 누대를 만들어 그 위에 한왕의 부친인 태공을 세워놓고 한왕에게 소리쳤다.

"지금 항복하라! 그렇지 않으면 너의 애비를 가마솥에 삶아 죽이겠다."

그러자 한왕이 답했다.

"좋도록 하라. 자네와 나는 회왕을 섬길 때 서로 의형제를 맺기로 약속을 했지. 그러면 내 아버지는 곧 자네의 아버지이거늘 아버지를 가마솥에 삶겠다는데 무슨 말을 하겠나. 삶은 국물이나 한 그릇 나누어주기 바라네."

항왕은 화가 치밀어서 즉각 태공을 처형하려고 했다. 그러자 항백이 반대하며 말했다.

"천하가 어떻게 전개될지 알 수 없는데, 태공 한 사람을 죽인다고 얻을 것이 무엇이겠습니까. 천하를 차지하려는 사나이가 가족 따위에 관심을 두겠습니까? 태공을 죽이면 오히려 소문만 나쁘게 돌 뿐 큰 이익은 없을 것입니다."

결국 항왕은 태공을 풀어줄 수밖에 없었다. 양군의 대치 상태는 계속 이어졌고, 승패는 쉽게 결판이 나지 않았다. 병사들은 계속되는 전투에 시달리며 불만을 품기 시작했고, 무기와 식량 조달을 맡은 후방 요원들도 지쳐갔다. 이때 항왕이 한왕에게 제안했다.

"천하가 몇 년 동안 혼란스러웠던 것은 오직 우리 두 사람 때문이다. 그러니 우리 둘이서 1대 1로 승부를 겨루어 결판을 내자. 죄 없는 백성들을 더는 고달프게 하지 말자."

이에 한왕은 웃으며 거절했다.

"두뇌로는 싸울지언정 힘으로 싸우지는 않는다."

항우는 할 수 없이 힘센 장수를 내보내 적의 면전에서 싸움을 걸어왔다. 그러자 한왕은 누번족 출신으로 활을 잘 쏘는 병사를 내보냈다. 그는 활을 쏘아 항왕 측의 병사를 죽여버렸다.

화가 머리끝까지 치솟은 항우는 뛰어나가 몸소 적 앞에 섰다. 누번족의 병사가 또다시 활을 쏘려 했다. 항우는 두 눈을 부릅뜨고 그를 꾸짖었다. 그러자 그는 눈이 어른거리고 손이 떨려 화살도 쏘지 못한 채 도망쳐 들어오더니 두 번 다시 밖으로 나가지 못했다.

병사가 쫓겨 들어왔다는 소식을 들은 한왕은 사람을 보내 자초지종을 알아보았다. 그러고는 항우 자신이 도전자로 나섰다는 말을 듣고 크게 놀랐다.

그 무렵 항우는 다음과 같은 정보를 접했다. 회음후 한신이 하북을 공략하여 제나라와 조나라를 함락시키고, 마침내 초나라 공격을 개시하려 한다는 것이었다. 항우는 용저를 파견하여 한신을 공격하게 했다. 한신은 용저를 맞아 싸웠는데 기병대장 관영이 선전하여 크게 물리쳤고, 이 싸움에서 패한 용저는 스스로 목숨을 끊었다. 이 승전을 계기로 한신은 독립하여 스스로 제왕이 되었다.

항왕은 용저가 패했다는 소식을 듣고 몹시 충격을 받았다. 그래서 우이 출신인 무섭을 보내어 한신을 포섭하려고 했지만 실패했다. 이때 팽월 또한 반란을 일으켜 양나라를 공략하고 초군의 식량 수송을 끊어버렸다. 그러자 항우는 대사마인 해춘후 海春侯 조구에게 말했다.

"성고를 지켜라. 설사 한나라 군사가 싸움을 걸어오더라도 절대로 싸우지 말고 수비만 단단히 하라. 지금은 한군이 동쪽으로 나아가지 못하게만 하면 된다. 나는 보름 후 팽월을 죽이고 양 땅을 평정한 뒤 다시 돌아오겠다."

이렇게 당부하고 즉시 동쪽으로 가서 진류와 외황을 공격했다. 외황 공격에는 여러 날이 걸리지 않았다. 성을 함락하고 나서 항왕은 15세 이상의 남자를 전원 생매장하려고 했다. 이때 외황현 집사의 열세 살 된 아들이 항왕에게 와서 이렇게 탄원했다.

"팽월이 힘으로 강요했기 때문에 외황 사람들이 팽월 편에 섰던 것입니다. 외황 사람들은 불가항력이라서 짐짓 항복한 체하고는 대왕께서 오셔서 구해주시기만을 기다렸습니다. 그런데

107

대왕께서 오셔서 오히려 생매장의 엄벌을 내리신다면 백성들은 귀순할 마음조차 잃고 말 것입니다. 그리고 외황 동쪽으로 양 땅의 10여 개 성은 모두 대왕을 두려워하며 투항하지 않을 것입니다. 그들은 끝까지 싸우려 할 것입니다."

기특한 말이라 여긴 항왕은 잡아들였던 백성들을 모두 석방했다. 항왕이 수양에 진격하자 외황의 소문을 들은 성내 백성들은 자진해서 투항했다.

한편 성고를 포위한 한군은 계속해서 초군에게 싸움을 걸어왔다. 초군은 그 꼬임에 넘어가지 않았으나 한군이 5, 6일 동안 계속해서 욕지거리를 퍼붓자, 대사마 조구가 참지 못하고 출동 명령을 내려 병사들에게 범수를 건너게 했다.

그러나 초군이 범수의 한복판에 이르렀을 때 한군이 공격을 가하여 초군은 대패하고 말았다. 한군은 그 길로 성고로 들이닥쳤고, 초나라의 귀한 보물들을 모두 약탈해갔다. 대사마 조구와 장사 동예, 새왕 사마흔 등의 장군들은 모두 범수의 물가에서 스스로 목을 찔러 자결했다.

한왕과 항우의 대치는 광무산 계곡을 사이에 두고 계속되었다. 항우가 1대 1 대결을 제안하자 유방은 항우의 죄상을 열거했다.

"처음 제후들이 회왕의 명을 받들어서 진나라를 타도할 때 제일 먼저 관중에 들어오는 자가 왕이 되기로 약속했었다. 그런데 네놈은 약속을 어기고 나를 촉의 벽지로 내쫓았다. 이것이 너의 첫 번째 죄다. 둘째로, 네놈은 경자관군 송의를 속임수로 잡아 죽인 뒤 그 자리를 빼앗았다. 셋째로, 네놈은 거록에서 조나라를 구원한 뒤 귀국하여 회왕에게 보고하는 것이 마땅한데도 이를 어긴 채 제후군을 위협하여 관중에 진입했다. 넷째로, 진秦의 영토를 공략하면서 약탈 행위는 하지 않겠다고 회왕에게 맹세해놓고서도 진의 궁전을 불태우고, 시황제의 능묘를 파헤쳤으며, 진나라의 재물을 강탈했다. 또한 항복한 진나라 왕 자영을 이유도 없이 죽였다. 이것이 네놈의 다섯 번째 죄다.

속임수를 써서 진나라 백성 20만 명을 신안에서 생매장하고 진나라 장수 장한을 왕으로 봉했다. 이것이 여섯 번째 죄다. 일곱 번째로, 네놈은 봉읍을 분배할 때 좋은 땅은 모두 네 부하에게만 주었다. 영주가 네 뜻을 어기면 그들의 부하를 선동하여 반역을 도모하게 하고 영주를 쫓아냈다. 네놈은 의제를 팽성에서 쫓아내고 그곳을 빼앗았으며 한왕韓王의 영토까지 빼앗고 양나라와 초나라를 차지했다. 이것이 여덟 번째 죄다. 아홉 번째로, 네놈은 강남에서 의제를 암살했다. 신하된 자로서 감히 군주를 시해하고, 이미 항복한 자를 죽이고, 공평하게 정사를 행하지 않았다. 스스로 약속한 바를 지키지 않은 대역무도한 소행이 용납될 줄 아느냐! 이것이 네 죄의 열 번째다.

나는 의병을 일으켜서 제후와 함께 극악무도한 역적 놈을 토벌하고자 한다. 내가 어찌 네놈 따위와 싸우겠느냐! 이놈 항우는 들어라! 네놈을 혼내줄 사람은 따로 있다. 감방에 있는 죄수들로 하여금 네놈을 혼내주도록 하겠다."

그 말을 들은 항우는 약이 올라서 몰래 숨겨둔 석궁으로 한왕을 겨냥하여 힘껏 쏘았다. 한왕은 가슴에 상처를 입고서도 일부러 발끝을 만지며 이렇게 말했다.

"저 야만인이 내 발바닥을 맞혔구나."

그러나 한왕은 상처로 인해 몸져눕게 되었다. 그러자 장량은 이렇게 간청했다.

"일어나십시오. 진중을 순행하시어 사졸을 안심시키셔야 합니다. 초나라에게 허점을 보여서는 안 됩니다!"

이에 한왕은 진중을 사열하며 돌았지만 병증이 악화되어 성고로 돌아왔다. 그곳에서 한왕은 몸을 추스린 뒤 관중으로 돌아갔다. 역양에 들어온 후 한왕은 노인들을 모아 연회를 베풀어 노고를 위로하고, 새왕塞王 사마흔의 머리를 저잣거리에 매달았다. 이렇게 나흘간 머문 뒤, 다시 전선에 복귀하여 광무의 진중으로 들어갔다.

물을 등지고 진을 치다

한편 한신과 장이는 수만 명의 병사를 이끌고 동쪽의 정형을 함락시킨 후, 조나라를 공격했다. 한나라 군사가 공격해올 것이라는 소식에 조왕趙王 헐과 성안군成安君 진여는 정형 입구에 군사를 집결시켰는데, 병력은 20만에 달했다. 이때 광무군廣武君 이좌거가 성안군 징여에게 계책을 말했다.

"한나라 장군 한신은 황하를 건너 위나라 왕 표와 하열을 생포하여 알여를 피바다로 만들고, 이번에는 장이의 보좌를 받아 조나라를 공격할 계책을 마련하고 있다고 합니다. 이제 막 승리의 위세를 탄 원정군에게는 강력한 기운이 있습니다. 그렇지만 군량미를 천 리 밖에서 구하기 때문에 병사들은 굶주리고 있

111

고, 현지에서 식량을 조달하여도 군인들은 충분히 먹지 못하고 있다 합니다. 또 정형으로 통하는 길은 수레가 나란히 지나갈 수도 없고, 기마도 열을 지어 통과할 수밖에 없습니다. 수백 리가 이렇게 계속되기 때문에, 군량미를 실은 수레는 후방에 뒤처져 있을 것입니다.

부디 저에게 정예군 3만을 빌려주십시오. 지름길을 이용하여 적의 군량미를 실은 수레를 끊어버리겠습니다. 성안군께서는 수로를 깊이 파시고 누벽을 높게 쌓아 방어에만 힘쓰십시오. 그러면 적군은 진격할 수도, 후퇴할 수도 없게 될 것입니다. 또한 저의 기습부대에 의해 배후를 차단당하면 들판에 고립되어 물자 조달도 뜻대로 되지 않을 것입니다. 그렇게 된다면 열흘도 안 되어 두 장군의 머리를 바칠 수 있을 것입니다. 부디 이 계책을 받아들여주십시오. 그렇지 않으면 그 두 녀석에게 포로가 될 것입니다."

그런데 성안군은 선비를 자처하는 인물이었다. 언제나 정의로운 전투를 표방하며, 적군을 속이는 작전을 좋아하지 않았다.

"병법에는 '병력이 열 배면 적을 포위하고, 두 배가 되면 싸운다'라고 되어 있소. 지금 한신의 군사는 수만이라고 하나, 사실은 수천에 지나지 않는다고 하오. 게다가 수천 리 밖에서 출발한 군대이기에 피로가 극에 달했을 것이오. 이런 적을 피하고 싸우지 않는다면, 나중에 대군이 공격해왔을 때는 어찌할 셈이오? 나는 제후들에게 겁쟁이로 보일 것이고, 업신여겨 쉽게 공격을 당할 것이오."

성안군은 이렇게 말하고 광무군의 계책을 듣지 않았다. 그리고 한신이 보낸 첩자는 둘의 대화를 염탐하고 돌아왔다. 첩자의 보고를 들은 한신은 만면에 희색을 띠었다. 그는 즉시 군사를 이끌고 정형으로 진격하여 30리 밖에서 야영을 했다.

밤중에 한신의 병사들에게 출동 명령이 내려졌다. 한신은 장비가 가벼운 기마병 2천 명을 뽑아, 각각에게 붉은 깃발을 들고 지름길로 가게 하여 산기슭에서 조나라 군사의 동정을 살피게 했다.

"우리 군이 후퇴하는 것을 보면, 조나라 군대는 성채를 비우고 추격해올 것이다. 그 사이 성채에 침입하여 조나라 깃발을 뽑아버리고 한나라의 붉은 깃발을 세워라."

그리고 부장에게 명하여 야식을 주면서 이렇게 말하게 했다.

"오늘 조나라를 격파하고 성대한 잔치를 할 것이다."

"알겠습니다."

대답은 했지만 그의 말을 곧이듣는 부장은 한 명도 없었다. 한신은 만 명의 병사를 출동시켜 강을 등지고 진을 치도록 했다. 이 모습을 보던 조나라 군대는 병법을 모른다며 비웃었다.

새벽 무렵, 한신은 스스로 대장기를 앞세우고 전투를 알리는 북을 치며 정형 입구로 밀어붙였다. 조나라 군대는 성채를 열고 나가 이들을 맞아 싸웠다. 한동안 양쪽 군이 격렬하게 싸웠다.

일진일퇴가 거듭되자 한신과 장이는 거짓으로 북과 깃발을   113

버리고, 강 쪽으로 자신의 군대를 도망하게 했다. 대기하고 있던 군대는 진문陣門을 열어 이들을 받아들이고 다시 한 번 격전이 벌어졌다.

그러자 예상했던 대로 조나라 군대는 성채를 비운 채 병사 전원이 한나라의 북과 깃발을 빼앗으며 한신과 장이의 뒤를 추격했다. 그러나 한신과 장이가 강가의 진지로 들어간 뒤에는 한나라 군대가 강한 기세로 반격했으므로, 조나라 군대는 한나라 군대를 격파할 수 없었다.

한편 한신이 미리 파견한 기마대 2천 명은, 조나라 군대가 성채를 비우고 공격에 나서는 것을 보자 재빨리 성채에 침입하여, 조나라 깃발을 뽑아버리고 한나라의 붉은 깃발 2천 개를 세워놓았다.

조나라 군대는 승리도 하지 못하고, 한신 등을 사로잡지도 못한 채 성채로 돌아오고 있었는데 성채는 이미 한나라의 붉은 깃발로 가득 채워져 있는 것이 아닌가. 당황한 조나라 군대는 왕이 사로잡혔다고 판단하고 혼란에 빠졌다. 그들은 도망치기 시작했다.

이 기회를 놓치지 않고 한나라 군대는 협공하여 조나라 군대를 격파하고 항복을 받아냈다. 지수 부근에서 성왕군의 목을 베고, 조나라 왕 헐은 생포했다. 그런 후 한신은 전군에 포고문을 돌렸다.

"광무군을 죽이지 마라. 생포하는 자에게는 천금을 주겠노라."

그러자 광무군을 포박하여 본진에 데리고 온 자가 나타났다. 한신은 포박을 풀고 그를 동쪽에 앉힌 후 자신은 서쪽에 앉아 스승을 향한 제자의 예를 올렸다. 그 후 적의 수급首級과 포로를 확인한 뒤, 전투의 승리를 축하하는 잔치를 열었다. 그 자리에서 부장들이 한신에게 너도나도 질문했다.

"병법에 의하면, 산기슭을 오른쪽에 등지고 물을 앞의 왼쪽에 두는 것이 포진의 철칙입니다. 그런데 장군은 반대로 우리에게 물을 등지고 포진을 만든 후 조나라를 격파하여 성대한 잔치를 벌이자고 약속하셨습니다. 우리들은 납득할 수 없는 일이었습니다. 그러나 결과는 우리의 승리였습니다. 이것은 어떤 전술입니까?"

이에 한신이 웃으며 대답했다.

"이것 또한 병법에 나와 있는 것으로, 제군들이 알아채지 못한 것뿐이다. 병법에는 '사지死地에 빠진 후에 삶을 도모할 것이요, 망지亡地에 놓인 후에 생존을 도모할 것이다'라고 하지 않았는가. 나는 아직 장병들의 마음을 장악하지 못했다. 따라서 시장에 모인 군중을 몰아세워 전투에 임한 것과 다르지 않았다. 때문에 죽음을 각오한 채 싸우게 하지 않고 조금이라도 살아남을 땅을 주었다면 모두 도망치고 말았을 것이다."

"참으로 훌륭하십니다. 우리들은 장군을 도저히 당해낼 수 없을 것입니다."

여러 장수들은 진심으로 감복했다.

광무군의 계책

한신은 광무군을 향해 물었다.

"저는 계속해서 북쪽 연나라와 동쪽 제나라를 토벌하려고 합니다만, 어떻게 하면 성공할 수 있습니까?"

그러자 광무군이 사양하며 말했다.

"패장은 용맹함을 말할 수 없고, 망국의 대부는 존립을 기도할 수 없다는 말이 있습니다. 저는 패하여 포로로 잡힌 몸입니다. 어찌 큰일을 도모할 자격이 있겠습니까."

이에 한신이 말했다.

"백리해는 우나라에 살았지만 우나라는 망했고, 진秦나라에

있을 때는 진나라가 제후들의 우두머리가 되도록 했습니다. 백

리해가 우나라에 있을 때는 어리석은 사람이었다가 진나라로 와서 현명해진 것일까요? 아닙니다. 다만 군주가 백리혜의 계책을 받아들였는가 여부에 달려 있었던 것입니다. 성안군 진여가 만약 당신의 계책을 들었더라면, 이 몸 한신은 벌써 포로가 되어 있을 것입니다."

한신은 다시 말했다.

"당신의 모든 계책에 따르겠습니다. 부디 사양하지 마십시오."

이에 광무군이 머리 숙여 말했다.

"현명한 자도 천 번을 생각하면 반드시 한 번의 실수가 있고, 어리석은 자도 천 번을 생각하면 반드시 한 번의 성공이 있다고 합니다. 그런 까닭에 미친 사람의 말이라도 성인은 받아들인다고 합니다. 저의 계책이 채택될 정도로 충분하지 않더라도, 기탄없이 말씀드리겠습니다.

성안군에게는 백전백승의 계책이 있었지만 하룻밤이 지나자 모든 것을 잃고, 군대는 호鄗의 성에서 패했고 그 자신 또한 살해당했습니다. 지금 장군은 위왕 표를 포로로 잡았고, 하열을 사로잡은 뒤 조나라 대군 20만 명을 격파하고, 성안군을 죽이는 쾌거를 올리셨습니다. 덕분에 그 이름을 천하에 알리고, 위엄을 천하에 떨쳤습니다. 지금 농부들은 경작을 하지 않고 쟁기를 내버린 채 아름다운 옷과 맛있는 양식에 흥겨워하며, 귀를 기울이고 장군의 명령을 기다리고 있습니다. 이러한 상황은 장군에게 있어 유리합니다.

그렇지만 장군의 군사들은 지쳐 있어 도움이 되지 않는 실정입니다. 지금 장군은 연나라의 견고한 성을 공격하려 하지만, 이는 피로에 지친 군사를 궁지로 내모는 것밖에 안 됩니다. 아무리 싸우려 해도 장군의 계획대로 이뤄지지 않을 것입니다. 이같이 연나라와 제나라가 함께 버티면서 항복하지 않는다면, 유방과 항우의 싸움은 어느 쪽이 이기고 어느 쪽이 질지 결정이 나지 않을 것입니다. 그러한 상황이 되는 것은 장군에게 불리합니다.

장군의 계책은 잘못되었다고 생각합니다. 전쟁에 뛰어난 자는 자신의 단점을 가지고 상대방의 장점을 공격하지 않고, 자신의 장점을 가지고 상대방의 단점을 공격한다고 합니다."

"그러면, 어떻게 하면 좋겠습니까?"

"장군께서는 다음과 같은 계책을 추진하는 편이 나을 것입니다. 싸움을 중지하여 병사들을 쉴 수 있게 하고, 조나라 내부를 안정시켜 전사자의 유족을 위로하며, 1백 리 이내의 근교까지 고기와 술을 내려보내 사대부와 병사들을 대접한 후, 연나라를 향해 북상하시는 것입니다. 그리고 유세객을 통해 연나라에 편지를 보내어 장군의 아량을 보여주시는 겁니다. 그러면 연나라는 반드시 받아들일 것입니다.

연나라가 우리에게 복종한다면, 제나라에는 선전에 능한 자들만 보내면 충분합니다. 그렇게 한다면 모두들 복종할 것입니다. 제아무리 지혜로운 자라 하더라도 제나라를 위해 대책을 세우기는 어려울 것입니다. 이렇게 된다면 천하의 일은 뜻대로 될 것입니다. '전쟁에서는 먼저 평판을 세워놓고 그 다음 실제 행동으로 옮긴다'라는 것은 이를 말하는 것입니다."

한신은 무릎을 탁 쳤다. 즉시 광무군의 계책대로 연나라에 사자를 보냈고, 그러자 연나라는 손쉽게 복종했다. 이러한 내용을 한나라에 사자를 통해 보고하면서, 장이를 조나라 왕으로 세워 국내를 안정시켜달라고 요청했다. 한왕은 허가했고, 장이는 조나라 왕이 되었다.

그 후 초나라는 기습부대를 동원해 여러 차례 조나라에 공격을 가해왔다. 조나라 왕 장이와 한신은 각지에 출동하여 적을 내쫓았다. 이렇게 전쟁을 하면서 조나라 성읍의 지배가 안정되었고, 병사를 징발하여 한나라 진영에 보냈다.

그때 초나라가 급습하여 한나라 왕의 거처인 형양을 포위했다. 한왕은 남하하여 완과 섭 지구로 이동하면서, 경포를 아군으로 포섭하고 성고로 도망쳐왔으나, 또다시 초나라에 기습을 당해 포위당하고 말았다.

한나라 3년(기원전 204년) 6월, 성고를 탈출한 한왕은 동쪽으로 도주해 황하를 건넜다. 한왕을 수행한 자는 등공 하후영 한 명뿐이었는데, 둘은 장이의 근거지 수무로 향해갔다. 그곳에 도착한 한왕은 근거지로 들어갔다. 장이도 한신도 취침 중이었으나, 한왕은 개의치 않고 침실로 들어가 두 사람의 관직을 빼

앗았다. 그러고는 장수들을 소집하고 그들의 인사이동을 단행
했다. 한신과 장이는 자리에서 일어나서야 한왕이 왔다는 것을
알 정도로, 순식간에 벌어진 일이었다.

한왕은 장이와 한신의 군사를 빼앗은 뒤, 장이에게는 조나라
방위를 명하고, 한신에게는 상국相國 지위를 하사하여 조나라에
남아 있는 병사를 불러 모아 제나라를 공격하게 했다.

역이기, 제나라를 설득하다

한왕은 형양과 성고에서 고전을 면치 못하여, 성고의 동쪽을 버리고 군대를 공과 낙에 주둔시킨 후 초나라를 막게 했다. 그러자 유세객 역이기가 진언했다.

"신이 듣건대 '하늘의 도움을 깨닫는 자는 왕업을 이룩할 것이고, 이를 무시하는 자는 실패로 끝날 것이다. 왕은 백성을 하늘로 여기고, 백성은 먹을 것을 하늘로 여긴다'라고 합니다. 이곳 오창은 오랫동안 천하의 곡식을 운반해와서 엄청난 식량이 쌓여 있다고 합니다. 그런데 항우는 형양을 공격해 함락시키고는, 이 식량 창고를 지키지 않고 군사를 이끌고 동쪽으로 향했고, 죄인으로 이루어진 부대에게 성고를 지키게 했을 뿐입니다. 한나라에게 이는 하늘이 주신 기회라고 할 수 있습니다. 지금이 바로 공격할 시기인데 도리어 군대를 퇴각시킨다는 것은 눈앞의 기회를 놓치는 것입니다.

생각건대 행하시는 일을 반대로 하십시오. 두 사람의 영웅은 양립할 수 없습니다. 따라서 초나라와 한나라의 대치가 계속되어 승패를 결정짓지 않는다면 결국 백성들도 안정을 찾지 못하고, 농부는 쟁기를 버릴 것이며, 베 짜는 여인들은 베틀을 내릴 것이고, 사람들은 본업에 충실하지 못할 것입니다.

바라건대, 즉시 군사를 진격시켜 형양을 탈환한 뒤 오창의 식량을 확보하고, 성고의 요새를 견고히 하여 태항산으로 가는 길을 폐쇄하고, 비호령 입구를 막고 백마의 나루터를 지키십시오. 이렇게 하셔서 한나라가 초나라를 제압할 수 있는 실력을 갖추고 있다는 것을 제후들에게 보여준다면, 천하의 대세는 분명해질 것입니다. 지금 연나라와 조나라는 평정했고, 제나라만이 항복하고 있지 않습니다.

전광田廣은 제나라의 광대한 지역을 확보하고 있고, 전간田間은 20만 대군을 거느리고 역성에 주둔하고 있습니다. 전씨 일족으로 말하자면, 오래된 명문 집안으로 지형적으로도 바다를 등지고 있고 황하와 제수를 경계로 남쪽은 초나라와 근접합니다. 또한 예부터 권모술수에 뛰어나다고 합니다. 우리가 수십만 대군으로 공격해도 쉽게 격파할 수 없을 것입니다. 이는 저에게 맡겨주십시오. 명을 받들어 제나라 왕을 설득하고, 제나라가 한나라의 동쪽 영지가 되도록 만들겠습니다."

"그렇게 하시오."

한왕은 그 계책을 받아들여 다시 오창을 탈환했다. 그리고서 역이기를 보내 제나라 왕 전광을 설득하도록 했다. 역이기는 제나라 왕을 만나서 말했다.

"왕께서는 천하의 대세가 어디로 갈지 아십니까?"

"모르겠소."

"천하의 대세를 아신다면, 제나라는 무사할 것입니다. 그러나 알지 못하신다면 제나라의 안전은 확실치 않을 것입니다."

"천하는 누구의 손으로 들어갈 것 같소?"

"한나라의 것이 될 것입니다."

"그 근거가 뭐요?"

"한왕과 항왕은 힘을 합쳐 서쪽 진나라를 공격하면서 진의 도성 함양에 처음으로 들어가는 자가 왕이 되기로 약속했습니다. 한왕이 그곳에 처음으로 들어갔으나, 항왕은 약속을 어긴 채 함양을 주지 않고, 한왕을 한중 지역 왕으로 삼았습니다. 그리고 의제를 추방하고 죽였습니다. 이 소식을 들은 한왕은 촉과 한의 병사를 일으켜 삼진을 공격했고, 의제를 살해한 항왕의 죄를 물었습니다. 그리고 천하의 병사를 모아 각 제후들의 후예를 세웠습니다. 그는 성을 차지하면 공로가 큰 장군을 제후로 봉하고, 재물을 얻으면 병사들에게 나누어주며 이익을 함께했습니다. 그래서 천하의 영웅, 호걸, 인재는 기꺼이 한왕을 도와준 것입

123

니다.

 반면에 항왕은 약속을 어겼다는 오명과 의제를 살해하는 중죄를 지었습니다. 또, 다른 사람의 공적은 인정하지 않지만 누군가 저지른 죄는 결코 잊어버리지 않습니다. 그래서 항왕 휘하의 장수들은 전투에서 승리하더라도 상을 받지 못하고, 성읍을 공격해도 제후에 봉해지지 않으며, 항우의 일족이 아니면 요직에 앉을 수도 없습니다. 임명된 자에게 하사하는 관인官印을 새기기는 하지만, 막상 때가 되면 아까워하여 언제까지고 손안에 쥐고 있을 뿐입니다. 성읍을 공격하여 얻은 재물도 모아두기만 할 뿐 상으로 내주지 않습니다. 그렇기 때문에 각지에서 반기를 드는 자가 계속 나오고 현명한 인재들로부터 노여움을 사, 항왕을 위해 일하는 자는 나타나지 않습니다.

 왜 천하의 선비가 한왕에게 복종하는지 아시겠습니까? 한왕은 촉과 한 땅에서 일어나 삼진을 평정했고, 정형을 공격하여 성안군을 죽이고, 북위北魏를 격파하여 32개 성읍을 공략했습니다. 이는 인간이 할 수 있는 것이 아니라 하늘의 도움이 있어야만 가능한 위대한 일이었습니다. 이제는 한나라가 오창의 식량을 장악하고 있고 성고의 요새를 막고 백마의 나루터를 지키고 태항산의 길을 차단했으며, 비호령 입구를 가로막고 있습니다.

 한나라의 명령에 늦게 복종한다면 먼저 멸망하게 될 것입니다. 반면에 왕께서 앞서 한왕에게 귀순한다면 사직은 무사하실 수 있으나, 귀순을 하지 않으신다면 존망의 위기에 서게 될 겁니다."

　전광은 그의 말이 옳다고 여기고, 역성의 방비를 푼 후 그와
매일 술자리를 가졌다.

한신의 등장과 책사 괴통

한편 한신은 동쪽 정벌에 올라 평원 나루터를 건너기 전에 한왕이 제나라를 설득하여 항복을 받아냈다는 통지를 받았다. 이에 한신이 제나라로 진군하는 것을 주저하자, 범양 출신의 유세객 괴통이 그를 부추겼다.

"장군이 제나라를 공격하기로 한 것은 왕의 명령을 받았기 때문이었습니다. 한왕이 임의로 밀사를 보내 제나라를 처리했다고 하지만, 장군께 중지 명령을 내리지는 않았습니다. 따라서 이쪽에서도 진격을 그만둘 필요는 없습니다. 역이기는 일개 책사일 뿐입니다. 그자는 세 치 혀를 놀려 제나라 70여 개 성읍을 얻었습니다. 반면에 장군은 수만의 병사를 거느리고, 1년여에 걸쳐 겨우 조나라의 50여 개 성읍을 얻었을 뿐입니다. 장군으로 임명되신 지 몇 년이 지났는데, 일개 선비의 공에도 미치지 못하고 있습니다."

한신도 그의 말을 인정할 수밖에 없었다. 이에 괴통의 진언을 받아들여 그대로 황하를 건넜다. 제나라 왕은 역기이의 설득을 받아들여 역이기와 계속 술자리를 가졌고, 한나라 군에 대한 방어를 풀었다. 한신은 이 기회를 놓치지 않고 제나라 역성의 군사를 기습한 후, 도성 임치에 도착했다.

그러자 제나라 왕 전광은, 역이기가 자신을 배신했다고 생각하고 그를 솥에 삶아 죽이는 형벌에 처했다. 그런 후 고밀로 도망친 전광은 초나라에 사신을 보내 구원을 요청했다. 한신은 임치를 평정하고는 전광을 추격하여 고밀 서쪽에 도착했다. 초나라는 용저를 장군으로 하는 20만 대군을 제나라로 보내 구원하게 했다.

제나라 왕 전광과 장군 용저가 힘을 합쳐 한신과 싸우려 하는데, 싸움을 시작하기 전에 어떤 자가 용저를 설득했다.

"한나라 군사는 먼 곳에서부터 싸우러 왔습니다. 그 날카로운 기세에 맞서는 것은 쉽지 않을 것입니다. 반면, 제나라와 초나라 연합군은 자신들의 땅에서 싸우기 때문에 흩어지기 쉽습니다. 그러니 성 안에 계시면서 제나라 왕이 잃어버린 성읍에 사람을 보내 장병을 불러모으는 것이 계책입니다. 적의 손에 떨어졌다고 하더라도 제나라 왕의 건재와 초나라 구원군의 도착을 안다면, 그들은 반드시 한나라를 배신할 것입니다. 한나라 군은 2천 리나 떨어진 타국에서 왔습니다. 제나라 성읍이 일제히 반기를 든다면 식량 조달도 뜻대로 되지 않을 것이니, 싸우지 않고 항복을 받을 수 있습니다."

그러나 용저는 그 의견을 받아들이지 않았다.

"내 평생을 통해 한신이라는 인간을 잘 알고 있다. 게다가 제나라를 구하기 위해 와서는 싸우지 않고 항복시키는 것이 무슨 공훈이란 말인가? 싸워서 승리한다면 제나라의 반이 나의 것이 된다. 그런데도 가만히 지키고만 있으라는 것인가?"

이렇게 말하고는 전투를 시작하여, 한신의 군대와 유수를 사이에 두고 진을 쳤다. 한신은 먼저 1만 개가 넘는 자루를 만들어 모래로 채우고, 밤을 새워 유수 상류를 막았다. 그런 후 유수를 건너 공격하기 시작한 후 패하는 척하면서 중간에 철수했다. 용저는 크게 기뻐하며 말했다.

"자, 보아라. 한신은 변한 것 하나 없는 겁쟁이일 뿐이다."

용저는 그대로 추격해 유수를 건넜다. 이 기회를 놓치지 않고 한신은 막아놓았던 모래 자루를 치웠다. 그러자 급류가 한꺼번에 밀려오면서, 용저군의 주력 부대는 물살에 휩쓸렸다. 그 모습을 본 한신의 군대는 급습을 감행해 용저를 베어버렸다. 동쪽 기슭에 있던 용저의 군대는 뿔뿔이 흩어져 도망가고, 제나라 왕 전광도 도망갔다. 그러나 한신은 적을 성양까지 추격하여 초나라 병사 모두를 사로잡았다.

한나라 4년(기원전 203년), 한신은 드디어 제나라를 완전히 평정했다. 그는 한왕에게 사자를 보내 이렇게 전했다.

'이곳 제나라는 거짓과 속임수를 일삼는 나라입니다. 게다가 남쪽으로는 초나라와 국경을 맞대고 있습니다. 제나라에 새 왕을 세워서 진정시키지 않는다면 앞으로 정세가 안정되기 힘듭니다. 임시로 저를 왕으로 봉해주신다면 모든 일이 좋아질 겁니다.'

이때 한왕은 초나라의 기습을 받아 형양에 포위되어 있었는데, 하필이면 그때 한신의 사신이 도착한 것이었다. 편지를 읽은 한왕은 매우 화를 냈다.

"짐이 여기서 곤경에 빠져 있는데, 하루빨리 구원군을 끌고 올 생각은 하지 않고, 왕이 되고 싶단 말이냐?"

그 순간 옆에 있던 장량과 진평이 일부러 한왕의 발을 밟고는 사신에게는 들리지 않도록 왕의 귓가에 속삭였다.

"우리는 지금 최악의 형세에 놓여 있습니다. 한신에게 안 된다고 해봤자 어차피 통하지도 않습니다. 차라리 한신을 왕으로 봉하고 제나라를 지키도록 격려하는 편이 낫습니다. 그가 모반이라도 일으킨다면 그때는 불행한 사태가 일어날 것입니다."

한왕도 상황을 깨닫고 이번에는 목청을 높여 다음과 같이 말했다.

"대장부로서 제후를 평정했으면 마땅히 왕이 되어야지, 임시 왕이라니 무슨 소리인가! 진짜 왕이 되어 국토나 잘 지키라고 전하라!"

그러고는 장량을 보내 한신을 제나라 왕에 봉하고, 군사를 동원하여 초나라를 치라고 명했다.

초나라는 한신 때문에 용저의 군사 20만을 모두 잃었다. 이에 항우는 우이 출신의 무섭을 보내 제나라 왕 한신을 잘 설득해 자기편으로 삼고자 했다.

"천하 사람들이 진나라에 괴로움을 당한 지 오래되었습니다. 그래서 힘을 합쳐 군사를 일으켜 진나라를 토벌했습니다. 진나라가 무너지자 각기 공적에 따라 땅을 나누고, 그 땅의 왕이 되어 병사들은 고향으로 돌려보냈습니다. 그런데 지금 한왕은 또다시 군사를 일으켜 동쪽으로 침공해 와서는 남의 땅을 빼앗았습니다. 그는 삼진을 공략한 뒤 함곡관에서 나와 제후들의 병사를 이끌고 동진하여 초나라를 치고 있습니다. 천하를 모두 집어삼키기 전에는 그치지 않을 기세입니다.

한왕은 믿을 수 없는 자입니다. 우리 항왕께서는 그를 죽일 기회가 여러 번 있었지만 그때마다 가엾게 여겨 살려주었습니다. 그러나 한왕은 위기에서 벗어나기만 하면 곧 약속을 어기고 다시 항왕을 공격합니다. 이 한 가지 일만 보더라도 한왕은 믿을 수 없는 자라는 걸 아실 겁니다. 지금 귀공께서는 한왕의 신임이 두텁다고 믿고 한왕을 위해 힘을 다하여 싸우고 계시지만 결국 그에게 사로잡히고 말 것입니다. 귀공이 오늘날까지 살아

남을 수 있었던 것은 항왕이 아직 살아 있기 때문입니다.

지금 항왕과 한왕 두 사람의 싸움은 귀공에게 달려 있습니다. 귀공이 오른쪽을 취하시면 한왕이 이기고, 왼쪽을 취하시면 항왕이 이길 것입니다. 반면에 오늘 항왕이 멸망한다면 다음에는 귀공을 멸망시킬 것입니다. 귀공은 항왕과는 오랜 인연이 있습니다. 어째서 한나라를 배반하고 초나라와 손을 잡음으로써 천하를 셋으로 나눈 후 하나를 취할 생각을 하지 않습니까? 지금이 중요한 기회를 버린 채 한나라를 믿고 초나라를 치다니 이것이 어찌 지혜로운 자가 할 일이겠습니까?"

그러나 한신은 이 제의를 거절했다.

"나는 항왕을 섬긴 적이 있지만 벼슬은 고작 낭중郎中에 지나지 않아서 경호병 노릇이나 했소. 무슨 진언을 해도 들어주지 않고, 계략을 세워도 써주지 않았소. 그래서 초나라를 버리고 한나라에 투신했던 것이오. 그러나 한왕은 나에게 대장군의 인수를 주고 수만의 대군을 주었소. 왕 자신의 옷을 벗어 나에게 주시고, 자신이 먹는 것과 똑같은 식사를 나에게 베풀어주셨소. 내가 진언하면 받아들였고, 계략을 세우면 실천에 옮기셨소. 따라서 내가 오늘 이 자리까지 온 것은 오직 한왕의 덕택이오. 상대방이 나를 깊이 믿고 있는데도 그를 배반한다는 것은 옳지 못한 일이오. 설사 죽음을 당한다 할지라도 내 마음은 바뀌지 않소. 모처럼 부탁하시는 일이지만 나는 그 제안을 거절할 수밖에 없소."

    그렇게 무섭이 떠난 후 제나라 출신 책사인 괴통이라는 인물
이 한신을 찾아왔다. 그는 천하를 좌우할 열쇠를 한신이 쥐고
있다고 여기고는 그의 마음을 움직이고자 했다. 그는 자기가 관
상술에 뛰어나다는 이야기로 시작했다.

    "저는 일찍이 관상술을 좀 배운 적이 있습니다."

    "선새의 관상술이란 무엇이오?"

    "귀하게 되느냐, 천하게 되느냐는 골상骨相에 달려 있고, 근심
과 기쁨은 얼굴빛에 나타나고, 성공과 실패는 결단력에 달려
있습니다. 이 세 가지를 합쳐서 운세를 판단하면 백발백중입
니다."

    "그렇다면 내 상은 어떻다고 보시오?"

    "잠시 주위 사람을 물리치고 단둘이서만 말씀드리고 싶습
니다."

    한신은 주위에 있던 사람들을 물리쳤다.

    "자, 이제 되겠소?"

    그러자 괴통이 말을 이었다.

    "장군의 관상을 말씀드린다면 봉후封侯 이상이 못 되십니다.
게다가 매우 불안한 운이어서 언제 뒤집힐지 알 수 없습니다.
그러나 등을 돌린 모습을 보면 대단히 존귀한 상입니다."

    "그것이 무슨 뜻이오?"

    "천하에 소란이 일어났을 때 영웅호걸들이 왕을 칭하고 무리
를 모으자, 천하의 장사들이 구름처럼 모여들어 불길처럼 일어

났습니다. 그때는 진나라를 멸망시키는 일만이 모든 이들의 관심사였습니다. 그러나 지금은 초나라와 한나라가 서로 다투어, 죄 없는 천하 백성들이 고통을 받고 있습니다. 중원의 넓은 들판 위에 시체의 내장과 해골이 나뒹굴고 있습니다. 초나라 항왕은 팽성 싸움에서 이긴 뒤로 패주하는 한군을 쫓아 형양까지 쳐들어갔고, 승리의 여세를 몰아 이곳저곳을 공략하여 천하를 뒤흔들었습니다. 그런데 그것도 잠시뿐, 경과 삭 땅 일대에서 궁지에 몰려 3년 동안 앞으로 나아가지 못하고 있습니다. 한편 한왕은 수십만 대군을 거느리고 공과 낙 일대에 방어진을 쳤는데, 험준한 산과 강에 가로막혀 제대로 싸워보지도 못했습니다. 도와주는 구원병도 없이 형양에서 패하고 성고에서 부상을 입은 채 결국은 완과 섭 지역까지 달아났습니다.

결국 지혜로운 자도 용감한 자도 모두 곤경에 빠진 것입니다. 그들의 날카로운 기세는 견고한 요충 지대를 뚫지 못하고 있으며, 양식은 바닥나고, 백성들의 피폐함은 극에 달하여 원성이 하늘에 닿아 있습니다. 어리석은 생각이지만 이런 형세로 볼 때, 천하의 성현이 아니고는 이 대란을 그치게 할 수 없습니다. 지금 두 왕의 운명은 귀하에게 달려 있습니다. 귀하가 한나라 편에 서면 한나라가 승리하고, 초나라 편에 서면 초나라가 이깁니다. 저는 솔직한 의견을 말씀드리려고 하는데, 받아주실지 의문입니다."

한신은 괴통의 말에 흥미를 느끼며 말했다.

"말해보시오."

"제 계략은 이렇습니다. 두 왕을 모두 이롭게 하고, 두 분을 존속시켜 천하를 셋으로 나누는 것입니다. 귀하께서 그 하나를 취하시고, 삼자가 정립하는 것이 최선의 방책이라고 생각합니다. 그렇게 되면 삼자가 서로를 견제하여 함부로 나서지 못할 것입니다. 귀하는 현명한 분입니다. 더욱이 대군을 거느리고 계실 뿐 아니라 대국인 제나라를 다스리고 계십니다. 이제 연나라와 조나라를 복종시키고 한나라와 초나라의 힘이 미치지 않는 땅으로 진출하여 양군의 후방을 제압하고, 백성들이 바라는 대로 서쪽으로 가서 만민의 생명을 구해주신다면 천하 백성은 두말없이 따를 것입니다. 누가 감히 귀하의 권위에 도전하겠습니까?

그렇게 되면 대국을 나누어 강한 나라를 약화시키고 각지에 제후를 세우십시오. 그리하여 제후의 지위가 안정되면 천하가 제나라에 복종할 것이고 존경을 받을 것입니다. 제나라는 옛날처럼 교와 사, 두 지역을 점유하는 것이 좋을 듯합니다. 제후를 복종시키되 은덕으로 다루시고, 궁궐 깊숙한 곳에서 겸손한 태도로 사람들을 대하시면 천하의 군왕들은 다투어 제나라로 찾아올 것입니다. 하늘이 주는 것을 받지 않으면 도리어 벌을 받고, 시기가 이르렀는데도 행동하지 않으면 재앙을 입는다고 합니다. 깊이 헤아려보시기 바랍니다."

134   그러나 한신은 고개를 저었다.

"한왕은 나를 정성껏 대접해주고 있소. 자신의 수레에 나를 태워주고, 자신의 옷을 나에게 입혔으며, 자기가 먹을 것을 나에게 주었소. 속담에도 있듯이 '남의 수레를 얻어 탄 자는 그의 근심을 함께 짊어져야 하고, 남의 옷을 얻어 입는 자는 그의 걱정을 함께 품어야 하며, 남의 음식을 얻어먹은 자는 그를 위해 목숨을 바쳐야 한다'라고 생각하오. 이익에 사로잡혀서 의리를 버릴 수는 없소."

괴통은 계속해서 말했다.

"귀하는 스스로 한왕과 친하다고 믿으며 만세의 대업을 세우려고 하시는데, 제 생각에 그것은 잘못된 것입니다. 상산왕 장이와 성안군 진여는 평민이었을 때는 문경지교刎頸之交를 맺었습니다. 그러나 훗날 장염과 진택의 사건을 계기로 서로 원망하는 사이가 되었습니다. 상산왕은 항왕을 배반하고 항영의 머리를 손에 들고는 달아나 한왕에게 귀순했습니다. 그 뒤 한왕에게 병사를 빌려 동쪽으로 내려가 지수 남쪽에서 성안군의 목을 쳐서 천하의 웃음거리를 만들었습니다.

두 사람은 천하에 둘도 없는 친구였습니다. 그런데도 불구하고 서로 싸우는 관계가 된 것은 왜였습니까? 서로에게 너무 많은 기대를 한 것이 재앙이었고, 상대의 마음을 헤아리지 않았기 때문입니다. 귀하는 충성을 바쳐 한왕과 교우를 맺고 싶어 하시지만, 앞의 두 사람보다도 깊은 인연으로 맺어져 있다고 보기 힘듭니다. 반면에 다툴 요인은 무수히 많습니다. 한왕이 귀하

135

께 해를 가하지 않을 것이라고 여기는 것은 크게 잘못된 생각입
니다.

일찍이 월나라의 중신 문종과 범려는 멸망 직전에 놓인 월나
라를 재건시키고 구천을 패자로 만들었으나, 자신은 비참한 최
후를 맞았습니다. 들짐승이 사라지면 사냥꾼은 사냥개를 삶아
먹습니다. 대체로 사귐이라는 면에서 보면, 귀하와 한왕 사이
는 장이와 성안군의 관계만큼 깊지 않고, 충성이라는 점에서 보
아도 문종과 범려가 구천에게 한 것에 미치지 않습니다. 이 두
가지의 예는 충분히 참고할 만합니다. 부디 이 점을 깊이 생각
해보십시오. '용기와 지략으로 주인을 떨게 만드는 자는 몸이
위험하며, 공로가 천하에 널리 퍼진 자는 상을 받지 못한다'는
말이 있습니다.

귀하는 서하를 건너 위왕 표를 사로잡고 하열을 생포했으며,
군사를 이끌고 정형으로 내려가 성안군을 주벌한 후 조나라를
정복하고, 연나라를 복종하게 만들었으며, 제나라를 평정하셨
습니다. 남쪽으로 나아가서는 초나라 대군 20만 명을 궤멸시키
고, 동쪽으로 진로를 바꿔 용저를 해치웠으며, 서쪽을 향해 승
리를 선포했습니다. 진실로 그러한 공적은 천하에 둘도 없는 것
이고, 용기와 지략은 불세출이라고 할 정도입니다. 주군조차
두려워할 위세를 펼친 것으로, 어떤 것에도 비교할 수 없을 공
적을 세우셨습니다.

이제 와서 초나라에 정착하신다고 해도 초나라는 귀하를 신

용하지 않을 것이며, 한나라에 정착하신다고 해도 한나라 또한 무서워 공포에 떨 뿐입니다. 이렇게 이러지도 저러지도 못하는 입장에서 도대체 어느 곳에 정착하실 작정이십니까? 귀하는 신하로서 주군을 공포에 떨게 만드는 위력을 가지시고, 이름은 천하에 널리 알려졌습니다. 곁에서 보기에도 귀하는 위험하게 여겨집니다."

괴통의 말에 사의를 표명한 한신은 말했다.

"잠깐 쉬십시오. 나도 차분하게 생각해보겠소."

며칠 후 괴통은 다시 한신을 설득했다.

"남의 의견을 듣는 이는 일의 앞날을 내다볼 수 있고, 계책을 세우는 자는 일의 틀을 짤 수 있습니다. 좋은 말을 듣지 않고 그릇된 계책을 세워 오래도록 편안함을 얻는 자는 드뭅니다. 일의 가볍고 무거움을 분별해 들을 줄 알고, 계책의 처음과 끝을 착오 없이 행할 줄 아는 자만이 교묘한 말에 현혹당하지 않습니다. 작은 일에 구애받다가는 만승萬乘의 천자가 될 기회를 놓치고, 하찮은 녹봉에 구애받다가는 경상卿相의 큰 자리를 잃습니다. 지식은 일을 결단하는 힘이 되며, 의심은 큰일을 꾀함에 있어 장애물입니다. 계책의 사소한 부분에만 매달리다가는 천하의 큰일에서 실패할 것입니다.

지혜로 그것을 알고 있으면서도 과감한 행동을 주저하는 것 또한 만사의 화근이 됩니다. 그래서 용맹한 호랑이라 하더라도 주저하고 있으면 벌만도 못합니다. 기린도 머뭇거리고만 있다면 둔한 말이 걷는 것보다도 못합니다. 고대의 용사 맹분도 행동치 않으면서 의심만 하고 있다면 보통 사람보다 못하고, 순임금이나 우임금 같은 지혜로운 사람도 말하지 않으면 벙어리의 손짓 발짓만도 못하다고 합니다. 결행한다는 것이 얼마나 중요한가를 비유한 말입니다. 공이란 이루기는 어렵지만 잃기는 쉽고, 때는 얻기 어려운 반면에 놓치기는 쉽습니다. 때는 두 번 다시 찾아오지 않습니다. 제발 깊이 헤아리시기 바랍니다."

그러나 한신은 여전히 망설였다. 한왕을 배반하는 것이 내키지 않았기 때문이다. 자신이 큰 공을 세웠으므로, 한왕이 자신의 제나라를 빼앗지는 않을 것이라는 믿음도 그러한 결정에 한몫 했다.

끝내 한신은 괴통의 제안을 거절했다. 괴통은 그가 권유한 말을 들어주지 않자 미친 척하는가 하면 신들린 사람을 가장하고 다녔다.

그 무렵 한군은 병력도 충분했고 식량도 풍부했다. 그러나 항왕의 군사는 병력도 많이 소모되었고 군량까지도 떨어진 상태였다. 한나라는 육가를 사자로 보내 인질로 잡혀 있는 한왕의 아버지 태공을 풀어달라고 요청했지만 항왕은 듣지 않았다. 한왕은 다시 후공을 사자로 보내서 항왕을 설득하게 했다.

항왕은 결국 한나라와 협상에 임했다. 항왕은 천하를 둘로 나누어 홍구로부터 서쪽을 한나라 영토로 하고, 그 동쪽을 초나라 영토로 하기로 한왕과 약속했다. 그리고 나서야 항왕은 이 협정을 인정하는 뜻으로 한왕의 부모와 처자를 돌려보내니, 한나라 군사들이 모두 함성을 질렀다.

"만세!"

한왕은 후공을 평국군平國君으로 봉했다. 그러나 후공은 몸을 숨기고 다시는 한왕 앞에 나타나지 않았다. 당시 사람들은 후공에 대해 이렇게 이야기했다.

"그야말로 천하의 유세객이다. 그는 자신이 머무는 나라를 유세로 인해 기울어지게 만든다."

한왕이 후공을 평국군平國君으로 칭한 것도 이런 까닭에서였다. 항우는 약조를 마친 뒤 즉시 군대를 철수시켜서 귀국길에 올랐다. 한왕 역시 귀국하려 하자 장량과 진평 두 사람이 이렇게 권했다.

"우리 한나라는 천하의 절반을 차지했고 제후의 협력도 얻고 있습니다. 그런데 초나라 군사들은 지치고 군량도 떨어진 형편입니다. 이는 하늘이 초나라를 버렸다는 증거입니다. 초나라를 무너뜨릴 절호의 기회입니다. 이 기회를 놓친다면 호랑이를 길러 스스로 후환을 키우는 격이 될 것입니다."

한나라 5년(기원전 202년), 한왕은 약속과는 달리 항우를 추격하기로 결정했다. 작전 계획은 양하 남쪽까지 추격한 뒤 일단 멈추고는 한신, 팽월과 합류하여 총공격에 돌입한다는 것이었다. 그런데 한나라 군이 양하의 초입인 고릉에 도착했는데도 한신과 팽월의 군대는 나타나지 않았다. 그뿐만이 아니라 초나라 군의 역습을 당해 도리어 한군은 크게 패했다. 한왕은 장량에게 의견을 물었다.

"제후가 약속을 지키지 않고 있소. 어찌 된 일인 것 같소?"

"초군의 패배가 확실한 판국에 대왕께서 승리한 후 한신과 팽월에 대한 논공행상의 암시가 없으셨습니다. 그들이 군사를 이끌고 이곳에 오지 않는 이유는 나중에 받을 상이 없기 때문입니다. 천하를 분배한다는 한 마디만 해주시면 그들은 즉각 달려올 것입니다. 제후가 합세하지 않는다면 사태는 예측할 수 없습니다. 그러니 진나라에서 해안 지역에 이르는 동쪽 땅을 한신에게 주시고, 수양 이북 곡성까지를 팽월에게 주어 이 싸움이 바로 자신들을 위한 싸움임을 깨닫게 하십시오."

"좋소. 그렇게 하지."

즉시 사자가 한신과 팽월에게 파견되었다. 사자가 말했다.

"힘을 합쳐 초나라를 공격합시다. 성공하면 진나라 동부 지역은 제나라 왕께 드리고, 수양의 북부 지역은 팽상국께 드리겠습니다."

사자가 한왕의 뜻을 전하자 두 사람은 그 자리에서 동의했다.

"지금 즉시 군사를 동원하지요."

이리하여 한신은 제나라에서 군대를 일으켰고, 유가의 군사는 수춘에서 합류하여 성보를 전멸시키고 해하에 이르렀다.

한편 초나라 내부에서는 대사마 주은周殷이 반기를 든 후 서

땅의 병사를 이끌고 육 땅을 공략하고, 구강九江의 병력을 총동원하여 유가와 팽월의 군사와 합세하여 해하에 집결했다. 항왕군의 눈앞까지 압박을 가하게 된 것이다.

사면초가四面楚歌

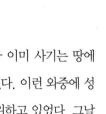

　항우의 군사는 해하에 주둔하고 있었으나 이미 사기는 땅에 떨어졌고 식량까지도 바닥을 드러내고 있었다. 이런 와중에 성 주위를 한군과 제후의 연합군이 겹겹이 포위하고 있었다. 그날 밤 항왕은 적의 야영지에서 들려오는 노랫소리를 듣고 가슴이 내려앉았다. 그 노래는 귀에 익은 초나라의 민요였다.

　"큰일 났구나. 한군에 투항한 초군이 이리도 많단 말인가. 노랫소리가 초나라 군을 또 괴롭히는구나."

　한밤중에 침소에서 뛰쳐나온 항왕은 술을 마시기 시작했다. 항왕에게는 한시도 옆에서 떨어지지 않을 만큼 총애하는 애첩이 있었는데, 이름은 우희虞姬였다. 또한 갈대처럼 멋진 털을 가

진 애마 추騅도 있었는데, 그는 항상 이 말을 타고 다녔다. 술기운에 울적해진 항왕은 시를 한 수 지어 읊으며 마음을 달랬다.

산을 뽑을 만한 힘도
천하를 덮을 만한 기백도
이제는 쓸모가 없구나.
추여, 너마저 걷지 않으니 어찌해야 할까
아, 우희여, 우희여
그대를 위해 해줄 것이 없구나.

항왕은 이 노래를 여러 차례 되풀이했다. 우희도 따라 불렀다. 항왕의 뺨 위에는 굵은 눈물이 흘러내렸다. 왕의 곁에서 모시는 신하들도 엎드려 소리 없이 흐느꼈다. 항왕은 애마인 추에 올라탔다. 정예병 8백 기가 그를 따랐다. 그날 밤 한왕은 포위망을 뚫고 남쪽을 향해 질풍같이 내달렸다.

한군은 날이 밝아서야 비로소 항우가 탈주했음을 알았다. 기병대장 관영이 기병 5천을 이끌고 항우를 추격하기 시작했다. 항왕이 회수를 건널 무렵, 그를 따라오는 기병은 백여 명에 불과했다. 계속 달려서 음릉 근처에 이르렀을 때 항우는 그만 길을 잃고 어느 농부에게 길을 물었다.

"왼쪽으로 가십시오."

그러나 농부는 거짓으로 길을 가르쳐준 것이었다. 농부의 말대로 왼쪽으로 간 항왕 일행은 큰 늪에 빠지고 말았다. 한군의 추격대가 항왕을 따라잡은 것은 그 농부 덕분이었다. 항왕은 오던 길을 되돌아가서 동쪽으로 나아가 동성까지 도망쳤다. 이제 남은 기병은 고작 28명에 지나지 않았다. 반면에 이들을 추격하는 한군은 수천 명이어서 탈출은 불가능했다. 항왕은 기병을 모아놓고 이렇게 말했다.

"내가 군사를 일으킨 지 8년이 되었다. 그동안 70여 차례 전투에 참가했으나 한 번도 져본 적이 없었다. 내가 수비하면 적은 패주했고, 공격하면 적은 항복했다. 그래서 천하의 패권을 차지할 수 있었다. 그러던 내가 마지막에 이 지경에 처하다니 믿을 수 없구나. 그러나 이것은 하늘이 나를 버렸기 때문이지, 내 능력이 부족했기 때문이 아니다. 이제 탈주할 희망조차 없으니 마지막 결전을 벌일 것이다. 적의 포위를 통과하여 적장을 살해하고 적군의 깃발을 찢어, 나를 망하게 한 것은 전술이 잘못되었기 때문이 아님을 확실히 보여주겠다."

그러고는 기병을 넷으로 나누어 사방으로 동시에 쳐들어가게 했다. 그 사이 한군은 포위망을 좁혀 오고 있었다.

"보라, 내가 그대들을 위해 적장을 단칼에 베리라."

4개 분대는 돌격을 감행한 후 산 동쪽 3개 지점에 집결하기로 했다.

마침내 항왕이 애마에 채찍질을 가하며 벼락같은 고함과 함께 적진으로 말을 몰았다. 그러자 한나라 군사는 차례차례 거꾸러지고 금방 대장 한 사람의 목이 날아갔다. 이때 한의 기병대장인 양희가 항우를 뒤쫓았다. 이를 본 항우가 두 눈을 부릅뜨고 꾸짖으니 양희는 놀라서 달아나고 말았다.

항우와 부하 기병들은 예정대로 3개 지점에 다시 모였다. 한 군은 항왕의 소재를 파악하지 못하게 되자 군사를 다시 3개 부대로 나누어 초나라 군을 포위했다. 항왕은 또다시 돌격전을 시도했다. 한나라 지휘관을 죽이고 이어서 백여 명에 달하는 적군을 죽였다. 부하를 다시 소집해보았더니 죽은 기병은 겨우 두 사람뿐이었다.

"어떠냐?"

항우가 큰소리를 치자 부하들은 모두 감탄할 뿐이었다.

"과연 대왕의 말씀이 맞습니다."

항우는 장강 연안의 오강을 건너려고 했다. 장강을 건너 동쪽으로 달아날 작정이었다. 그런데 오강의 정장이 배를 준비하고 기다리다가 항우의 얼굴을 알아보고는 이렇게 말했다.

"강동 땅은 넓지는 못하나 그래도 사방이 천리요, 백성도 수십만 명입니다. 그곳으로 가시면 다시 거병하실 수도 있을 것입니다. 얼른 배에 타십시오. 배는 오직 이것뿐이니, 한나라 군사가 뒤쫓아 온다 해도 강을 건널 수는 없습니다."

그러나 항우는 쓴웃음을 지을 따름이었다.

"아닐세. 그만두겠네. 하늘이 나를 망하게 하려는데 강을 건 145

넌다고 무슨 소용이 있겠나? 내가 강동의 젊은이 8천 명을 이끌고 서쪽으로 갔는데, 모두 다 죽고 나 혼자만 살아남아서 돌아왔네. 설사 죽은 젊은이들의 가족이 나를 불쌍히 여겨 받아준다고 하더라도 내가 무슨 면목으로 그들을 보겠나? 그들이 날 용서해주어도 나 자신이 나를 용서할 수 없을 걸세."

항우는 정장에게 청했다.

"나는 자네를 믿고 부탁하겠네. 내가 5년 동안 이 말을 애지중지하며 타고 다녔네. 이놈이 내닫는 곳엔 맞설 적이 없었고 하루에 천 리를 달렸지. 도저히 내 손으로는 이 말을 죽일 수 없으니 자네가 맡아주게."

항우는 스스로 말에서 내려서고 부하들에게도 모두 말에서 내리라고 명령했다. 모두가 칼을 잡고 한 무리가 되어, 추격해온 한군을 향해 덤벼들었다. 항우 혼자서 죽인 한나라 병사만 해도 수백 명에 달했다. 그러나 항왕도 10여 군데에 부상을 입었다. 항왕이 싸우다가 우연히 한 곳을 보니 한군의 기병대장 여마동이 있었다.

"여보게, 자네는 내 옛 친구가 아닌가."

여마동은 항우의 얼굴을 대하기 불편했으나 항우가 이렇게 소리치자 어쩔 수 없이 "저 사람이 바로 항우요!"라고 옆에 있던 왕예에게 말했다. 그러자 항우가 말했다.

"내가 들으니, 한왕이 내 목에 엄청난 상금을 걸고 있다지. 나를 잡으면 만호후萬戶侯에 봉한다고 약속했다던데, 이왕 죽을 바에야 옛 친구인 자네에게 공을 세우게 해주지."

이런 말과 함께 스스로 자기 목을 찔러 죽었다. 왕예가 재빨리 달려와 항우의 목을 쥐었다. 이를 본 다른 기병들도 한꺼번에 달려들어 항우의 시체를 놓고 쟁탈전을 벌이다가 수십 명이 죽었다.

마지막에 양희, 여마동, 여승, 양무 네 사람이 항우의 사지를 하나씩 차지했다. 왕예가 차지한 목과 항우의 몸을 맞춰보니 틀림없는 항우였다. 이것이 훗날 초나라의 영토가 다섯으로 나누어지는 원인이 되었다.

즉, 여마동은 중수후中水侯에 봉하고, 왕예를 두연후杜衍侯, 양희는 적천후赤泉侯, 양무는 오방후吳防侯, 여승은 열양후涅陽侯에 봉해졌다.

항왕이 죽자, 초나라 땅 모두는 한나라에게 항복했으나 노나라만은 항복하지 않았다. 한나라는 천하의 군사를 이끌고 한번에 섬멸하려 했다. 그런데 노나라에는 예의를 지켜 주군을 따라 죽는 기풍이 있었다. 이를 알고 항왕의 머리를 가지고 가서 보였더니 노나라의 부형父兄들도 결국 항복했다.

처음에 초나라 회왕이 항우를 노공魯公에 봉했고, 지금 항우가 죽고 노나라가 마지막으로 함락되었기 때문에 항왕의 유골은 노공魯公의 신분으로서 곡성에 안장되었다.

한왕은 항왕을 위해 상복을 입고, 묘 앞에서 눈물을 흘리며

떠났다. 한왕은 항씨 일족을 죽이지 않고, 항백을 사양후射陽侯
에 봉했다. 또한 일족에 속하는 도후, 평고후, 현무후에게는 유
씨劉氏 성을 하사했다.

·3·

한漢나라
건국의 영웅들

토사구팽의 주인공, 한신

회음후淮陰侯 한신은 회음 사람이다. 서민으로 지낼 때 그는 가난한 데다가 윗사람의 눈에 띌 만한 성과도 없어 관리가 되지 못했고, 장사꾼으로 밥벌이를 할 만한 능력도 없어, 남의 집 식객 노릇을 해야 했다.

게으른 데다 건방지기까지 한 그를 사람들은 싫어했다. 한때 그는 하향현 남창南昌의 정장 집에서 얻어먹고 있었다. 여러 달이 지나도록 빈둥빈둥 놀며 밥만 축내는 한신을 정장의 아내는 귀찮게 여겼다. 그래서 하루는 새벽에 밥을 지어 먹고 한신에게는 밥을 주지 않았다. 그러자 한신은 화가 나서 정장네 집에 발길을 끊었다.

할 일이 없어진 한신은 날마다 회음성 밖에서 낚시질하며 소일했다. 그 냇가에서 무명 빨래를 하던 노파가 한신을 불쌍히 여기고 밥을 먹여주었다. 무명 표백 작업이 끝날 때까지 수십일 동안 노파는 하루도 거르지 않고 한신에게 밥을 주었다. 한신은 크게 감격하여 노파에게 이렇게 말했다.

"내 언젠가는 이 은혜에 반드시 보답하겠소."

그러자 노파가 꾸짖었다.

"육신이 멀쩡한 사내가 제 입 하나도 건사하지 못하기에 불쌍해서 밥을 주었을 뿐이야. 은혜를 보답하는 것은 바라지도 않아!"

한편 회음 사람 가운데 한신을 업신여기던 젊은이가 하루는 시비를 걸었다.

"이봐, 대단한 친구! 칼까지 주워 차고 꼴이 제법인데, 배짱은 어떨까."

구경꾼들이 모이자 젊은이는 더욱 기고만장하여 한신을 모욕했다.

"네가 죽을 배짱이 있거든 그 칼로 나를 한번 찔러봐라. 죽는 게 두렵다면 당장 내 가랑이 밑을 기어나가라."

한신은 한동안 물끄러미 그자를 바라보더니 그자의 가랑이 밑으로 기어나갔다. 이를 본 구경꾼들은 한결같이 한신을 바보겁쟁이라고 비웃었다.

초나라 항량項梁이 군사를 이끌고 회수를 건너자 한신 또한 무기를 들고 그에게 합세했는데 이렇다 할 공을 세우지는 못했다. 항량이 죽자 이번에는 항우 휘하로 들어가 낭중郎中에 임명되었다. 한신은 항우에게 여러 번 계책을 올렸지만 하나도 채택되질 않았다.

그 후 한왕 유방이 영지인 촉 땅으로 들어가자, 한신은 이때를 틈타 한나라에 가담했다. 그러나 한나라에서도 인정을 받지 못하고 연오連敖라는 보잘것없는 벼슬 하나를 얻었을 뿐이었다. 그러다가 한 사건에 연루되어 참형을 언도받았다.

같은 죄를 지은 열세 사람이 차례차례 목이 잘리고, 한신의 목이 잘릴 차례가 되었다. 그는 고개를 들고 주위를 두리번거렸다. 이때 한신의 눈에 띈 사람이 등공滕公 하후영이었다. 지나가던 등공을 본 한신은 이렇게 소리쳤다.

"우리 군주께서는 천하를 차지하려는 분이 아닙니까! 그런데 어찌 유능한 장사를 죽이려 하십니까!"

등공이 보니 한신의 말투나 용모가 범상치 않았다. 등공은 그의 처형을 중지토록 하고 살려주었다. 그 뒤 한신을 조용히 불러 이야기를 나누었는데, 역시 예사롭지 않은 인물이었다.

등공은 곧장 그를 한왕에게 추천했다. 한왕은 한신을 치속도위治粟都尉에 임명했으나 특별한 인물이라고 인정한 것은 아니었다. 정작 그를 알아본 사람은 재상 소하였다. 소하는 여러 차례 한신과 이야기해본 후 뛰어난 인재를 얻었다고 흐뭇해 했다.

한중왕漢中王에 봉해진 유방은 수도 남정을 향해 떠났다. 그런데 그곳으로 가는 도중에 도망친 장수가 수십 명을 헤아렸다. 한신 또한 소하가 여러 번 천거했으나 승진이 되질 않자 도망 쳤다.

한신이 도망쳤다는 보고를 받은 재상 소하는 한왕에게 보고 할 틈도 없이 한신의 뒤를 쫓았다. 누군가가 그 사실을 알고 한 왕에게 보고했다.

"승상 소하가 달아났습니다."

승상 소하가 달아났다는 소식에 한왕은 불같이 화를 냈다. 승 상이 도망쳤다면 한왕으로서는 양팔을 잃은 것과 마찬가지였 다. 그런데 며칠 뒤 소하가 돌아와 한왕을 만났다. 한왕은 한편 으론 화가 나고 다른 한편으론 기쁘기도 하여 소하에게 외 쳤다.

"어째서 귀공까지 도망친 것이오?"

그러자 소하가 대답했다.

"아닙니다. 제가 도망친 것이 아니라 도망친 자를 잡으려 뒤 쫓았을 뿐입니다."

깜짝 놀란 유방이 물었다.

"그게 누군가?"

"한신입니다."

그러자 가라앉았던 한왕의 분노가 다시 폭발했다.

"도망친 장군들이 수십 명이나 되는데 귀공은 단 한 번도 쫓 아간 적이 없소. 그런데 한신 따위를 뒤쫓아가다니 말이 된다고

153

생각하오?"

그러나 소하는 정색을 하고 말했다.

"다른 장군들은 얼마든지 쉽게 얻을 수 있습니다. 그러나 한신은 둘도 없는 국가의 인물입니다. 왕께서 계속 한중의 왕으로만 만족하실 요량이라면 한신이 없어도 문제가 되지 않겠지만, 천하를 제패하실 요량이라면 한신이 아니고서는 함께 대사를 도모할 사람이 없습니다. 문제는 대왕께서 어느 쪽을 택하실 것인지에 달려 있습니다."

"나는 동쪽으로 진출하여 천하를 차지하고자 하오. 언제까지 이곳에만 머물러 있을 수는 없지 않겠소?"

"그러시다면 한신을 등용하십시오. 그에게 주요한 임무를 주신다면 머물 것입니다. 반면에 그렇게 하지 않으면 한신은 결국 도망칠 것입니다."

"알았소. 경의 체면을 봐서 한신을 장군으로 등용하겠소."

"장군 정도로는 안 됩니다."

"그렇다면 대장군으로 삼겠소."

한왕은 즉각 한신을 불러 대장군에 임명하려고 했다. 그러자 소하가 다시 말했다.

"대왕께서는 부하를 너무 얕잡아보시고 예의를 갖추지 않으십니다. 한신이 달아난 것도 그런 이유 때문입니다. 만일 한신을 대장군으로 삼으시려면 좋은 날을 택하시어 목욕재계를 하시고 예를 갖추신 후에 하셔야 합니다."

154

한왕은 그렇게 하겠다고 허락했다. 한편 장군들은 대장군이 새로이 임명된다는 소식에 저마다 자신이 아닐까 기대를 품었다. 그런데 막상 임명된 자가 한신인 것을 알고는 다들 기가 막혔다. 임명식이 거행되고 한신이 자리에 앉자 한왕이 말했다.

"승상이 귀관을 여러 번 추천했었소. 그대가 품고 있는 계책을 알려주시오."

한신은 발탁해준 데 대해 감사의 예를 올리고는 한왕에게 물었다.

"동쪽으로 공격하여 천하의 패권을 싸우는 상대가 항왕 아니겠습니까?"

"그렇소."

"그러면 질문하겠습니다. 용맹함과 자애로운 점에서 볼 때 항왕과 대왕, 두 분 중 어느 분이 더 낫다고 생각하십니까?"

한왕은 잠시 침묵하다가 말했다.

"내가 부족하오."

한신은 두 번 절을 올리고는 대답했다.

"저 또한 대왕이 부족하다고 생각합니다. 그러나 저는 일찍이 항왕을 섬겼던 몸으로, 항왕의 인품을 끝까지 지켜보았습니다. 큰소리를 치면 천 명이 무릎을 꿇을 정도로 용맹하나, 현명한 장수에게 일을 믿고 맡기지 못합니다. 이는 평범한 남자의 용기에 불과합니다. 사람을 대하는 태도는 정중하고 말투는 차분하며 부상자가 생기면 눈물을 흘리며 식사를 나누어주었습

155

니다. 그러나 큰 공적을 쌓아도 막상 때가 되면 인장印章이 닳아 없어질 때까지 만지작거리기만 할 뿐 선뜻 결정을 내리지 못합니다. 이는 고작 아녀자의 인仁일 뿐입니다. 항왕은 천하의 패자가 되어 제후를 신하로 삼았지만, 관중에 도읍하지 않고 팽성彭城에 도읍했습니다. 의제와의 맹약을 배반하고, 마음에 드는 자만을 왕으로 봉해 논공행상에 공평하지 않았습니다. 항왕의 군대가 가는 곳마다 살육과 파괴가 일어나지 않는 곳이 없습니다. 그런 까닭에 천하의 노여움을 사고 백성들은 그를 우러러 받들지 않습니다. 오직 강압을 통해 그들을 억누르고 있는 것입니다. 이름은 패자이나 사실은 천하의 마음을 잃었습니다. 그의 위세를 약화시키기 쉽다는 것은 이 때문입니다.

그렇기 때문에 대왕께서는 반대의 길을 가셔야 합니다. 천하의 용맹한 자들을 믿고 쓰신다면 토벌하지 못할 적이 있겠습니까? 천하의 성읍을 공이 있는 신하에게 봉한다면, 마음으로 섬기지 않는 자가 있겠습니까? 제후들끼리 먼저 관중에 들어가는 자가 왕이 되기로 약속하셨으므로 대왕은 당연히 관중의 왕이 되셔야 합니다. 이는 관중의 백성들도 다 알고 있는 사실입니다. 그렇기 때문에 항왕의 부당한 인사로 인해 대왕께서 한중漢中으로 들어가시자, 진나라 백성 모두가 이 조치에 대해 원망을 품고 있습니다. 지금 대왕께서 병사를 거느리고 동쪽으로 진격하신다면 격문을 띄우는 것만으로도 삼진三秦을 평정하실 수 있을 겁니다."

"좋은 말을 해주었네."

한왕은 무릎을 치며 한신을 좀 더 일찍 등용하지 않은 것을 후회했다. 마침내 한신의 계책은 채택되었고 여러 장수에게 임무가 주어졌다. 그리하여 앞서 살펴본 바와 같이 한신은 한고조 유방이 천하 통일을 이루는 데 그 누구도 견줄 수 없는 공을 세울 수 있었다. 그러나 천하 통일 이전부터 유방은 한신의 세력을 경계했고, 그런 이유로 제왕 한신의 군사를 거두어들였다.

토끼 사냥이 끝나면 사냥개를 삶는다

한나라 5년(기원전 202년) 정월, 제나라 왕은 한신을 초나라 왕으로 삼고 팽성 동쪽 하비에 도읍을 정하게 했다. 새로운 봉토로 돌아간 한신은 그 옛날 무명 빨래를 하며 밥을 주던 노파를 불러 천금을 하사했다. 또 그가 신세를 졌던 하향 남창의 정장에게는 백전百錢을 내리면서 이렇게 말했다.

"당신은 의협심이 모자라는 인간이야. 남에게 은덕을 베풀다가 마지막에 그만두는 법이 어디 있는가?"

또 옛날에 한신을 욕보이며 가랑이 밑을 기어나가라고 한 불량배를 찾아내 초나라의 중위中尉로 삼고, 여러 장군과 대신에게 이렇게 소개했다.

"이 사람은 대단한 사내다. 지난날 나를 모욕했을 때 나는 이 자를 죽일 수도 있었다. 그러나 그를 죽인다고 해서 내 이름이 올라가는 것은 아니기 때문에 참았다. 이 사나이가 있었기 때문에 오늘날 내가 공을 이룬 것이다."

한편 항왕으로부터 도망쳐온 장군 가운데 종리매라는 사람이 있었다. 원래 그의 고향은 한신의 영지인 이려였기 때문에 한신과는 친한 사이였다. 그래서 항왕이 죽은 뒤 한신 진영에 의탁하기 위해 온 것이었다. 고조는 전부터 종리매를 미워하고 있었기 때문에 그가 초나라에 있다는 말을 듣고는 칙령을 내려 체포를 명했다.

한편 한신은 영지에 온 이래 각지를 시찰할 때면 늘 대규모 경비병을 거느리고 시위하듯 다녔다. 한나라 6년, 한신의 시위 모습을 보고는 고조에게 상서를 올린 사람이 있었다.

"초나라 왕 한신이 모반을 일으키고자 합니다."

이를 해결하고자 고조는 진평의 계책을 받아들여 순행을 한다고 하면서 제후들을 불러모으기로 했다. 남방의 운몽호까지 순행하기로 하고 각지의 제후들에게 사신을 보냈다.

"진陳으로 모두 모이시오. 짐은 운몽으로 갈 것이오."

이는 오로지 한신을 체포하는 데 목적이 있었다. 그러나 한신은 그 사실을 전혀 눈치채지 못했다. 그러다 고조가 초나라를 방문한다는 말에 불길한 예감에 사로잡힌 한신은 차라리 군사를 일으켜 모반을 꾀하려고 했지만, 스스로 죄가 없다고 여겨 고조를 일단 만나보려고 했다. 그러면서도 혹시나 체포를 당할까 봐 걱정을 하고 있었다. 그런 상황에서 어떤 자가 한신에게 이렇게 말했다.

"종리매를 참한 후 폐하를 알현하면, 폐하는 매우 기뻐하실 겁니다. 걱정하지 마십시오."

한신은 종리매를 만나서 어쩔 수 없는 자신의 상황을 이야기를 했다. 그러자 종리매가 이렇게 말하는 것이었다.

"한왕이 초나라를 공격하지 못하는 이유는 내가 당신 밑에 버티고 있기 때문이오. 한왕의 비위를 맞추기 위해서 나를 잡아갈 생각이라면 나는 당장에라도 목숨을 내놓겠소. 그러나 내일은 당신이 죽게 될 것이오."

종리매는, "당신이 그런 인물인 줄 몰랐다!" 하고 호통을 치고는 스스로 목을 찔러 자결했다. 한신은 그의 목을 가지고 진陳 땅에 가서 고조를 알현했다. 그러나 고조는 즉시 무장병을 시켜 한신을 포박하고 수행원의 수레에 감금했다.

"사람들이 '토끼 사냥이 끝나면 사냥개를 잡아먹고, 하늘에 잡을 새가 없어지면 활을 창고에 처박게 되며, 적국을 모두 없앤 뒤에는 지모가 있는 신하는 죽게 된다'고 하더니 옳은 말이었구나. 천하가 평정되었으니 나는 이제 무용지물이란 뜻인가?"

한신은 이렇게 한탄했다. 고조가 한신을 보고는 이렇게 말했다.

"그대가 모반했다고 보고한 사람이 있었다."

고조는 포승과 칼로 한신을 구금한 채 낙양에 이른 뒤에야 죄를 용서하고, 왕에서 후侯로 격하시킨 후 회음후淮陰侯로 삼았다. 한신은 고조가 자신에 대한 경계를 한시도 늦추지 않는다는 사실을 알고는 병이 났다는 핑계를 대고 조회에 나가지 않고 고조를 수행하지도 않았다.

한번은 한신이 장군 번쾌의 집에 들른 적이 있었다. 번쾌는 한신을 맞이하여 신하의 예를 갖추고 스스로 '신臣'이라 일컬었다.

"왕께서 신의 집까지 왕림해주시니 황공하기 이를 데 없습니다."

그러나 용무를 마치고 그 집에서 나올 때 한신은 쓴웃음을 지으며 한탄했다.

"살아생전에 번쾌 따위와 같은 서열이 되었구나."

언젠가 고조와 한신이 여러 장수의 능력에 대해 평가한 적이 있었는데, 두 사람은 서로 의견이 달랐다. 고조가 물었다.

"자네 생각에 짐은 몇 만 정도의 군사를 이끌 수 있는 역량이 있다고 보시오?"

"폐하께서는 10만 명 정도겠지요."

"그렇다면 귀공은 어떠한가?"

"저는 많으면 많을수록 좋습니다. 저는 용병술에는 자신이 있   161

습니다."

고조가 웃으면서 말했다.

"그런 귀공이 어째서 나에게 사로잡혔는가?"

"폐하께서는 군대를 이끌 역량은 없습니다만, 장군이 되실 역
량은 있습니다. 제가 폐하께 사로잡힌 이유는 그 때문입니다.
더욱이 폐하의 재능은 저와는 비교조차 할 수 없는 그야말로 천
부적인 것입니다. 사람의 힘으로는 어쩔 수 없지요."

진희가 거록의 태수로 임명되어 한신에게 작별 인사를 하러
왔을 때, 한신은 그의 손을 잡고 단둘이 뜰을 거닐다가 하늘을
우러러보며 탄식했다.

"내 말을 들어주겠소? 상의할 것이 있는데……."

"무슨 말씀이든 하십시오."

"당신이 태수로 부임하는 곳은 천하의 정예부대가 모여 있는
곳이오. 당신은 폐하가 매우 신임하는 신하요. 누군가가 당신
을 모함하더라도 폐하께서는 결코 믿지 않을 것이오. 두 번 그
런 소리가 들려오더라도 폐하께서는 기껏해야 한 번 의심해볼
것이오. 그러나 그런 소리가 세 번쯤 들려오면 그때는 폐하께서
도 의심할 것이고 토벌군을 동원해 직접 공략에 나설 것이오.
그때 내가 도성에서 당신과 함께 일을 벌이면 천하는 우리 것이
되리라고 보는데……."

한신의 재능을 높이 평가하고 있던 진희는 그의 말을 진심으

로 믿었다.

"뜻하시는 바에 따르겠습니다."

한나라 10년, 진희는 과연 모반을 꾀했다. 고조는 직접 군사를 거느리고 치려고 나섰는데, 한신은 병을 핑계로 따라가지 않고 은밀히 진희에게 사신을 보냈다.

"군대를 일으키면 나는 이 도성에서 당신을 돕겠소."

한신은 곧 부하들과 대책을 세웠다. 그 내용은, 거짓으로 칙명을 내려 여러 관공서에 구금되어 있는 죄인들을 밤중에 모두 석방하고, 이들을 동원하여 도성 안에 소란 상태를 조성한 후 그 혼란을 틈타 여후와 황태자를 습격하는 것이었다. 각자 맡을 책임도 결정되었고, 이제는 진희의 회답만을 기다리고 있었다.

그런데 이때 예기치 않은 문제가 발생했다. 한신의 부하 중에서 부정을 저지른 자가 있어 처형하기 위해 잡아 가두고 있었는데, 그 자의 아우가 여후에게 달려가 음모 사실을 낱낱이 밀고한 것이다. 여후는 즉시 한신을 불러들일까 하다가 생각을 바꿨다. 한신이 그 명령에 응할지 의문이었기 때문이다.

여후는 상국 소하와 상의한 후, 사람을 시켜 전선에 있는 고조가 보낸 사자로 위장하게 하고는, "진희는 이미 사형에 처해졌다."라는 소문을 제후와 신하들 사이에 퍼뜨리게 했다. 그러자 제후와 신하들이 모두 축하하기 위해 궁성으로 모여들었다. 상국인 소하는 시치미를 떼고 한신에게도 명을 전했다.

"병중에 있더라도 이런 때는 들어와서 축하의 뜻을 표하십   163

시오."

한신이 궁에 들어서자마자 여후의 명을 받은 무장병들이 그를 재빨리 포박하고, 장락궁의 종실로 끌고 가서는 목을 베어버렸다. 목이 잘리기 직전에 한신은 이렇게 한탄했다.

"지난날 괴통의 계책을 받아들였다면 이 꼴이 되지 않았을 것이다. 아녀자의 농간에 속은 것도 하늘의 뜻이란 말인가!"

이 일로 한신의 삼족은 몰살당하고 말았다.

고조를 처음부터 알아본 인물, 소하

한나라 재상 소하蕭何는 고조와 같은 패현의 풍읍 출신이었다.
법령에 통달하여 처음에는 현청의 하급 관리를 지냈다. 고조가
이름 없는 평민이었을 때, 소하는 관리의 신분으로 여러 차례
고조의 편의를 봐주었다. 그는 고조가 정장이 된 후에도 늘 그
를 살펴주었다. 고조가 노역의 감독관이 되어 도읍인 함양으로
떠나게 되자, 다른 관리들은 고조에게 전별금으로 3백 전을 주
었으나, 소하만은 선뜻 5백 전을 내놓았다.

진나라의 감찰관이 공무를 감독하려고 왔을 때 소하의 일
처리 솜씨는 단박에 감찰관의 눈에 띄었다. 그로 인해 소하는
사수군泗水郡의 관리로 등용되었는데, 여기서도 그의 일솜씨가

가장 뛰어났다. 진나라의 감찰관은 다시 소하를 중앙 관청의 요
직으로 등용하려 했다. 그러나 소하가 극구 사양했다. 감찰관
은 아쉬워하며 단념했다.

고조가 군사를 일으켜 패공이 되자, 소하는 그 밑에서 공무를
처리했다. 고조가 진나라를 쳐부수고 함양에 입성했을 때 남들
은 앞을 다투어 보물 창고로 달려갔지만, 소하만은 금은보화 따
위는 쳐다보지도 않은 채, 진나라의 승상과 어사들이 보관하던
법령 문서들을 수집하여 잘 보관해두었다.

고조가 한왕에 봉해지자, 소하는 재상에 임명되어 고조 휘하
에서 일했다. 진나라가 멸망할 때에 항우는 제후들과 함께 함
양 시내를 약탈하고 불태워버리고 떠났다. 그러나 그전에 소하
가 진나라 조정의 문서들을 잘 보관하고 있었기 때문에, 고조는
천하의 요새, 가구의 많고 적음, 각국의 전력, 백성의 고충 따
위를 모두 파악해 전략에 이용할 수 있었다. 한신을 발탁하라고
진언한 것도 소하였다.

고조가 군사를 이끌고 동쪽으로 진군하여 삼진을 평정했을
당시, 소하는 승상으로서 파·촉 땅에 남아 지역을 안정시키고
백성에게 선정을 베풀며 군량을 확보했다. 한나라 2년(기원전
205년), 고조가 제후들과 함께 초나라를 공격하러 갔을 때에도
소하는 관중을 지키면서 태자 영盈을 받들며 수도 역양의 체제
정비에 나섰다. 그는 법규를 제정하고, 종묘를 세우며, 토지신

과 곡물신에 제사를 지내고 궁궐을 건설하는 한편, 지방 행정을 정비했다. 이 모든 일은 고조에게 보고하여 허락을 얻은 후에 실행했다. 긴급한 일인 경우에는 재량껏 처리한 뒤 반드시 고조의 사후 승낙을 받았다.

소하는 관중의 가구 수를 정확히 파악하고, 전선에 물자를 보급하는 일 또한 계획적으로 시행했다. 고조는 여러 번 패하여 그때마다 병력을 잃었으나, 소하가 수시로 관중에서 병력을 징집하여 손실된 병력을 보충하곤 했다. 그래서 고조는 소하에게 관중의 사무를 전적으로 맡기고 있었다.

한나라 3년, 고조는 경과 삭 일대에서 항우와 대치하며 일진일퇴의 공방전을 벌이고 있었는데, 그런 어려운 상황에서도 자주 사자를 보내서 소하의 노고를 위로하곤 했다. 그러자 포생이라는 자가 소하에게 이렇게 충고했다.

"대왕께서는 몸소 전쟁터에 나가 심한 비바람과 더위에 시달리고 혹한을 겪으면서도, 후방에 있는 승상에게 여러 번 사자를 보내 노고를 위로하는 것은 승상을 의심하기 때문입니다. 그러니 승상의 가족과 친척 중에서 나가 싸울 수 있는 자는 모두 뽑아 전쟁터로 보내는 것이 어떻겠습니까? 그렇게 하시면 대왕께서는 승상을 더욱 신임하실 것입니다."

소하가 포생의 헌책을 받아들여 실천에 옮기자 고조는 크게 기뻐했다.

한나라 5년, 드디어 항우를 쳐부수고 천하를 평정한 고조가 논공행상에 나섰다. 그런데 여러 신하들이 각기 자기의 공적을 내세우며 다투었기 때문에 1년이 넘도록 결론이 나지 않았다. 마침내 고조는 소하가 가장 공이 크다고 밝히고 그에게 가장 큰 땅인 찬을 수여했다. 그러자 공신들은 입을 모아 불평했다.

"우리는 목숨을 걸고 전쟁터에 나갔습니다. 많은 사람은 백 수십여 회, 적은 사람도 수십 회 전투에 참여했습니다. 공이 크고 작음은 있겠지만 모두가 성을 공략하고 땅을 빼앗는 전투에 목숨을 걸었습니다. 그러나 승상 소하는 단 한 번도 전쟁터에서 싸워본 일이 없고, 단지 후방의 책상에서 계획만 세웠는데 어찌하여 소하가 우리보다 더 큰 상을 받을 수 있습니까?"

그러자 고조가 물었다.

"귀공들은 사냥을 아오?"

"물론 압니다."

"그렇다면 사냥개가 무엇인지도 알고 있겠지?"

"압니다."

"사냥할 때 짐승을 쫓아가 잡는 것은 사냥개이지만, 그 개의 끈을 풀어놓아 짐승이 있는 곳을 향하게 하는 것은 사람이오. 말하자면 그대들은 도망치는 짐승을 쫓아가서 잡아온 셈이니 공로를 따지면 사냥개와 같소. 그러나 소하는 그대들의 끈을 풀어놓아 쫓아가게 했으니, 공로를 따지면 사람과 같소. 그뿐만이 아니라 그대들은 단지 혼자서 나를 따라 전쟁을 치렀소. 많아야 한 가족 중에서 세 명이었지. 그런데 소하는 자기 가문에서 수십 명을 뽑아서 전쟁터로 보냈소. 이런 공 또한 잊어서는 안 될 것이오."

이 말을 들은 신하들은 더 이상 아무런 불평도 하지 못했다.

만세에 빛나는 소하의 공로

제후에게 영지를 나누어주는 일이 끝나자, 이번에는 궁중 안에서 지위의 순서를 정하게 되었다. 이에 모두 입을 모아 말했다.

"평양후平陽侯 조참은 몸에 70여 군데 상처를 입었습니다. 성을 공격하고 땅을 빼앗은 공도 가장 큽니다. 당연히 제일 첫째 자리에 배치해야 합니다."

고조는 이미 공신들의 뜻을 거스르고 소하에게 가장 큰 영지를 주었으므로 이번 일에서는 신하들을 난처하게 하고 싶지 않았다. 하지만 내심으로는 여전히 소하를 제일 첫째 자리에 두고 싶어 했다.

한왕의 속내를 파악한 관내후關內侯 악군이 다음과 같이 진언했다.

"여러분의 의견은 편파적입니다. 물론 조참이 전투를 하여 땅을 빼앗은 공은 대단합니다. 그러나 그것은 한때의 공일 뿐입니다. 폐하께서는 초군과 대치한 5년 동안 싸움에 패하여 부하를 잃으신 적이 많습니다. 홀로 도주한 일도 여러 번 있었습니다. 그때마다 소하는 늘 관중에서 군사를 보내어 병력을 보충해주었습니다. 폐하의 명령이 있기도 전에 수만 명의 부대가 위급에 처한 전쟁터에 달려온 일도 여러 차례였습니다.

또한 형양성에서 한·초나라 양군이 수년간 대치하고 있을 때에도 군량이 바닥나면 관중에서 식량을 보급했습니다. 또 폐하께서는 효산 동쪽에서 여러 번 패하셨으나, 소하는 폐하께서 언제든지 귀국하실 수 있도록 관중을 끝까지 잘 보존했습니다. 이것은 만세에 빛나는 영원한 업적입니다. 조참 같은 분을 백 명 잃었다 한들 우리 한나라에 무슨 지장이 있겠습니까? 또 조참 같은 분이 백 명이 있더라도 그것만으로 우리 한나라를 잘 보전할 수 있는 것은 아닙니다. 한때의 공로를 만세의 공로보다 높게 평가할 수는 없습니다. 소하를 제일 처음으로 하고, 조참을 그다음으로 배열하는 것이 옳다고 생각합니다."

"그것이 좋겠소."

고조가 맞장구를 쳤다. 더불어 소하에게는 특전이 주어졌다. 칼을 차고 신을 신은 채 황제의 거처에 오를 수 있었고, 궁중에서도 다른 신하들과는 달리 종종걸음을 치지 않아도 되는 특별 대우를 받았다. 고조는 이렇게 말했다.

"현명한 인재를 추천한 사람도 상을 받아야 한다고 하오. 소하의 높은 공적도 악군의 추천이 있어 더욱 빛나는구려."

악군에게는 영지가 더해졌고 작위도 한 급 높은 안평후安平侯에 봉해졌다. 같은 날 소하의 부자, 형제 10여 명도 모두 영지를 받았다. 소하에게는 2천 호의 영지가 추가되었다. 이는 고조가 옛날 노역 감독을 하기 위해 함양으로 떠날 때, 소하가 다른 사람보다도 2백 전을 더 준 일에 대한 보답이었다.

한나라 11년(기원전 196년) 가을, 조나라 태수 진희가 반란을 일으켰다. 고조는 직접 토벌에 나섰다. 고조가 한단으로 반란 진압을 위해 떠났을 때 관중에서는 한신이 모반을 꾀했다. 이에 여후가 소하의 계략을 이용하여 한신을 죽였다. 이 보고를 받은 고조는 사자를 보내어 승상 소하를 상국으로 승진시키고 5천 호의 영지를 더 하사했다. 또 도위都尉와 5백 명의 군사를 보내 소하를 호위하게 했다.

이에 대해 많은 신하가 소하에게 축하의 인사를 했지만 소평召平이라는 자는 우려 섞인 말을 했다. 소평은 진나라 시대에 동릉후東陵侯였고 진나라가 멸망한 후 평민으로 몰락한 사람이었다. 그는 장안의 동쪽 교외에서 참외를 심어 겨우 살아가고 있었는데, 그가 심은 참외의 맛이 좋아서 '동릉 참외'라는 평이 자자했다. 원래 그가 동릉후였으므로 그렇게 불렸던 것이다. 그런 소평이 상국으로 승진한 소하에게 말했다.

"이번 일은 귀하에게 화근이 될 것입니다. 폐하께서 힘들게 전쟁터에 나가 있을 때, 귀하는 궁전에 남아 집이나 지키고 있었습니다. 전쟁의 고난을 겪지 않았는데도 귀하에게 영지를 더 주었을 뿐만 아니라 호위병까지 붙여주셨는데 왜 그랬을까요? 그것은 한신이 반란을 일으켰기 때문입니다. 믿었던 한신의 반란을 보시며 폐하께서는 귀하까지도 의심하게 된 것입니다. 호위병을 붙인 것도 귀하를 위해서가 아닙니다. 그러니 귀하께서는 하사한 영지를 사양하시고, 전 재산을 군비로 헌납하십시오. 그렇게 하시면 폐하께서 안심하실 겁니다."

소하가 소평의 말대로 하자 고조는 크게 기뻐했다.

한나라 12년(기원전 195년) 가을, 경포가 반란을 일으키자 고조는 이번에도 친히 군사를 이끌고 토벌하러 갔다. 이때도 고조는 여러 차례 사신을 보내 소하의 근황을 알아보았다. 소하는 황제가 반란군 토벌에 나서자 도읍을 지키면서 백성에게 선정을 베풀고, 백성의 협력을 독려했다. 또한 진희가 반란을 일으켰을 때와 똑같이 군비 조달을 위해 사재를 털었다. 그러자 한 식객이 이런 말을 했다.

"머지않아 상국께서는 일족이 몰살을 당하실 것입니다. 귀공께서는 상국이시고 공로도 가장 커서 더는 승진할 수도 없습니 173

다. 상국께서는 10여 년 동안 이 관중에 머무르며 민심을 얻는
데 애쓰셨습니다. 민심은 모두 귀공을 따르고 있고, 귀공도 민
생을 안정시키는 데 크게 기여했습니다. 폐하께서 자주 사신을
보내 근황을 알아보는 것은 상국에게 관중의 민심이 집중되어
국내에서 반역이라도 일으키지 않을까 경계를 하기 때문입니
다. 그러니 상국의 종말이 다가오고 있다고 말씀드리는 것입니
다. 이렇게 한번 해보시지요. 귀공께서 많은 전답을 사들이시
는 겁니다. 전답을 싸게 사들인 뒤, 돈을 지불하지 말고 미루십
시오. 그렇게 하시면 귀공의 평판은 떨어질 것이고, 폐하도 마
음을 놓을 것입니다."

소하는 즉시 그 충고에 따랐다. 그 후 고조가 경포의 반란을
토벌하고 귀환길에 올랐다. 그런데 도중에 백성들이 길을 막고
상소문을 올렸다. 상국 소하가 백성의 전답을 1만 금어치나 싸
게 사들였다는 내용이었다. 고조가 귀국하자 소하가 고조를 배
알하러 왔다. 고조는 웃으며 말했다.

"귀공이 백성들을 착취하여 돈을 많이 모았다고 하던데!"

그러고는 백성들이 올린 상소문을 모두 넘겨주었다.

"상국이 직접 백성들에게 사과하는 것이 좋겠어."

소하는 이 기회에 자신의 소망을 피력했다.

"장안에는 농지가 많이 부족합니다. 그런데 상림의 어원御苑
에는 드넓은 공터가 있습니다. 이 땅을 백성들에게 개방하여 농
174 사를 짓게 해주십시오."

고조는 안색이 변하더니 크게 화를 냈다.

"상국이 상인들에게 뇌물이라도 받은 것이냐? 내 정원을 내놓으라고 요구하다니!"

고조는 소하를 옥리에게 넘기고 가두어두었다. 며칠이 지나자 왕씨 성을 가진 시종무관이 고조에게 물었다.

"소하가 무슨 큰 죄를 저질렀기에 갑자기 구금하셨습니까?"

"진秦나라 때 이사가 진시황을 보좌할 적에, 좋은 일은 모두 군주의 공으로 돌리고 나쁜 일은 모두 자기 탓으로 했다고 들었네. 그런데 소하는 상인들에게 뇌물을 받고는 내 정원을 요구하고 있어. 이것은 백성에게 잘 보이려 하는 것이니 그를 감옥에 구금하여 죄를 캐볼 작정이네."

시종무관이 다음과 같이 말했다.

"폐하의 말씀을 이해할 수 없습니다. 백성을 위해 그런 요청을 한 것은 상국으로서 당연한 본분입니다. 그런데 어째서 상인들에게서 뇌물을 받았다고 의심을 하십니까? 소하는 폐하께서 여러 해 동안 전쟁터에 나가 계실 때나, 진희와 경포의 반란을 토벌하러 가셨을 때에도 늘 관중을 지킨 분입니다. 소하가 반란을 꾀했다면 벌써 관중을 차지하고도 남았을 것입니다. 그때도 이익을 취하지 않았던 소하가 이제 와서 상인들의 뇌물 따위에 넘어가겠습니까?

진나라의 예를 드셨는데, 진시황은 신하의 충언을 듣지 않아 천하를 잃었습니다. 진나라 대신 이사는 잘못을 한 신하인데,

175

무슨 본받을 점이 있겠습니까? 어찌 폐하께서 소하를 그리 쉽게 의심하십니까?"

이 말을 듣자 고조는 기분이 좋지 않았으나, 그날 즉시 소하를 석방했다. 소하는 늙었을 뿐만 아니라, 원래 공손하고 신중한 사람이었다. 그래서 고조를 원망하지 않고 맨발로 들어와 사죄했다. 고조가 말했다.

"이제 됐소. 상국은 백성을 위해 상림원을 요청했는데 짐이 허락하지 않았소. 짐은 걸桀, 주紂 같은 폭군에 불과하지만 상국은 명재상이오. 상국을 구금한 것도 사실은 짐의 잘못을 백성들에게 알리기 위함이었나 보오."

한편 소하는 평소 조참과 사이가 나빴다. 소하가 병으로 눕게 되자 혜제(惠帝, 한나라 제2대 황제)는 친히 문병을 와서는 이렇게 물었다.

"상국이 만약 잘못된다면, 누가 그대를 대신할 적임자인가?"

소하가 대답했다.

"신하를 가장 잘 아시는 분은 군주이십니다."

"조참은 어떻소?"

혜제가 물어보자, 소하는 머리를 조아리며 대답했다.

"잘 선택하셨습니다. 소신은 이제 죽어도 여한이 없습니다."

소하는 전답이나 저택을 살 때 반드시 외딴곳에 마련했고, 화려하게 치장하지 않았다. 그러면서 그는 이렇게 말했다.

"내 자손들이 현명하다면 나의 검소한 생활을 본받겠지. 현명하지 못하더라도 이 정도의 집과 전답은 권력자에게 빼앗기지 않을 것이다."

혜제 2년(기원전 193년), 상국 소하는 세상을 떠났다. 그에게 문종후文終侯란 시호가 내려졌다. 소하의 자손은 죄를 지어 신분을 박탈당해 4대로 가문이 멸망했다. 그러나 황제는 소하의 후손을 다시 찾아내 찬후를 계승하게 했다. 비교할 만한 신하가 없을 만큼 소하는 귀한 인물이었기 때문이다.

지
혜
로
운
참
모,
장
량

유후留侯 장량은 진나라의 천하 통일 이전 한韓나라의 명문 가
문 출신이었다. 그의 조부 개지는 한나라 재상으로서 소후, 선
혜왕, 양왕을 모셨고, 부친 평은 이왕, 환혜왕 아래에서 재상을
지냈다.

도혜왕 23년, 그의 부친 평이 사망했고, 그 후 20년 만에 진秦
나라가 한韓나라를 멸망시켰다. 이때 장량은 나이가 어린 까닭
에 화를 당하지는 않았다. 한나라가 멸망했을 때 장량의 집안에
는 노복이 3백 명이나 있었다. 그때 장량은 전 재산을 처분하여
시황제를 죽일 자객들을 구했으며, 동생이 죽었을 때 장례도 치

르지 않았다.

장량은 일찍이 회양 땅에서 예법을 배웠고, 회양 동쪽에 거주하는 야만족의 장인 창해군과 만나 천하를 다툴 만한 장사를 수하에 모집했다. 그 후 진시황제가 동방 순행에 나선다는 소식을 듣자 창해군에게 120근이나 나가는 철퇴를 구해준 후 진시황을 저격하게 했다.

진시황 순행 행렬이 박랑사라는 곳에 도착했을 때, 두 사람은 숨어 있다가 시황제의 수레를 향해 철퇴를 집어 던졌다. 그러나 뒤따르는 수레에 맞고 말았다. 시황제는 크게 노하여 범인을 잡기 위해 전국에 수배령을 내렸다. 진나라의 탄압이 점차 심해지자 장량은 이름을 바꾸고 멀리 하비 땅으로 달아나 숨었다.

장량이 어느 날 한가한 틈을 타 하비의 다리 근처를 천천히 서성거리고 있는데, 초라한 행색의 노인이 다리 저쪽에서 다가왔다. 그 노인은 장량 앞에서 신을 벗다가 다리 밑으로 떨어뜨리고는 장량에게 말했다.

"얘야, 내려가서 신발 좀 주워오너라."

장량은 화가 났지만 상대가 노인이라 억지로 참고 다리 아래로 내려가서 신발을 주워왔다. 그런데 노인이 이번에는 이렇게 명령했다.

"신겨라."

장량은 노인의 신발을 주워온 이상 어쩔 수 없다고 생각하고는 꿇어앉아 신을 신겨주었다. 노인은 발을 뻗어 신발을 신기게 하고는 싱긋 웃으면서 가버렸다. 장량은 기가 막혀서 노인을 바 179

라보고만 있었다. 그런데 백여 발자국쯤 걸어갔던 노인이 다시 돌아와 말했다.

"네 이놈, 장래가 기대되는구나! 닷새 후 새벽에 이곳에서 만나자."

이유도 모르고 장량은 꿇어앉아서 "예!" 하고 대답했다. 닷새 후에 장량이 그곳에 가보니 노인은 벌써 나와 있었다. 그는 장량을 보자마자 크게 야단을 쳤다.

"늙은이와의 약속에 늦다니! 닷새 후 새벽에 다시 만나자!"

그러고는 가버렸다. 닷새 후 장량은 첫닭이 우는 소리와 동시에 그곳에 도착했다. 그러나 이번에도 노인이 먼저 와 있었다.

"또 늦게 왔군. 닷새 후에 다시 오너라!"

다시 닷새 후, 장량은 한밤중에 일어나 그곳으로 가서 기다렸다. 잠시 후에 나타난 노인은 장량을 보더니 웃으며 말했다.

"이제 됐다. 그 마음이 중요하다."

노인은 품속에서 한 권의 책을 꺼내놓았다.

"이 책을 읽으면 미래에 군사를 지휘할 수 있을 것이다. 10년 뒤 자네는 반드시 한판을 벌이고 있을 테지. 13년 뒤에 우리 다시 만나자. 제북 땅 곡성산 기슭에 있는 누런 돌이 바로 나이니라."

말이 끝나자마자 노인은 사라지고 말았다. 날이 밝아 책을 열어보았더니, 그건 태공망이 지었다는 병법서였다. 장량은 그
책을 신기하게 여겨 늘 머리맡에 놓고 읽었다.

  그는 하비에 있을 때 협객의 무리와 함께 지냈다. 항우의 숙부 항백이 살인을 저질렀을 때, 장량이 그를 숨겨준 것도 이 무렵의 일이었다.

  그로부터 10년이 흘렀다. 진승이 봉기했을 때 장량도 1백여 명의 청년을 모아 궐기했다. 그는 우선 유현에 머무는 경구景駒의 밑으로 들어가려고 했다. 경구는 스스로 일어나 군사를 모으고 초나라 왕을 칭하고 있었다. 장량은 그곳으로 가는 도중에 패공 유방을 만났다. 이때 패공은 수천 명의 군사를 거느리고 하비의 서쪽 일대를 공략하고 있었다. 패공을 만난 장량은 그를 따르기로 했고, 패공은 장량을 구장廐將에 임명했다.

  장량은 자주 태공망의 병법을 계책으로 내놓았는데, 패공은 그때마다 그 계책을 받아들였다. 장량은 다른 사람들에게도 태공망의 병법을 말해보았지만 그의 계책을 이해하는 사람이 없었다. 그래서 장량은 경구를 따르지 않고 패공을 따른 것을 잘했다고 여겼다. 패공은 설 땅으로 가서 항량의 군과 합류했다. 항량이 회王을 초왕楚王으로 옹립하자, 장량은 항량에게 진언했다.

  "초나라 후예를 옹립하셨으니, 한나라를 배려하는 것이 좋겠습니다. 한韓나라의 여러 공자 가운데는 횡양군 성이 가장 뛰어납니다. 그분을 한왕韓王으로 세우시면 우리 세력은 더 강해질 것입니다."

181

항량은 장량에게 성을 찾게 하여 그를 한왕韓王으로 삼았으며, 장량을 대신大臣으로 임명했다. 장량은 한왕과 함께 1천여 명의 군사를 거느리고 서쪽으로 나아가 한나라의 옛 땅을 공략하여 여러 개의 성읍을 빼앗았다. 그러나 얼마 지나지 않아 다시 진나라에 빼앗겼다. 장량은 계속 버티며 영천 일대에서 싸웠다.

패공이 낙양에서 남진하여 환원에 이르렀을 때, 장량은 패공과 합류하여 한나라의 10여 개의 성을 공략하고 진나라 장수 양웅의 군대를 격파했다. 이때 패공은 한왕 성으로 하여금 양책을 수비하게 하고, 자신은 장량과 함께 다시 남하하여 완 땅을 함락시켰다. 그런 뒤 서쪽으로 방향을 바꾸어 무관武關으로 진입했다. 패공이 2만 군사를 몰아 요관嶢關을 지키고 있던 진나라 군사를 공격하려고 하자 장량이 반대했다.

"진나라 군대는 아직 강성합니다. 가볍게 보시면 안 됩니다. 제가 들으니 적장은 백정의 자식이라고 합니다. 장사꾼은 원래 돈이나 재물로 흥정하기 쉽습니다. 패공은 잠시 성안에 머물러 계십시오. 먼저 선발대를 보내 근처의 모든 산 위에 많은 깃발을 세워 병력이 많은 것처럼 꾸미고, 식사도 5만 명분을 준비하십시오. 그다음에 역이기를 보내 진나라 장수를 매수하게 하십시오."

과연 진나라 장군은 두려워서 진나라를 배반했다. 그는 패공과 연합해 서진하여 함양을 공격하겠다고 청했다. 패공은 이를 받아들이려고 했지만 이번에도 장량이 반대했다.

"진나라를 배반하겠다고 한 사람은 저 장수뿐입니다. 그의 병졸들은 따라오지 않을 것입니다. 만일 그렇게 되면 위험합니다. 그들이 방심하고 있는 틈을 타서 지금 공격하는 것이 좋겠습니다."

패공의 군사는 진나라 군대를 공격하여 크게 격파했고, 패잔병을 추격해 북쪽 남전에 이르러 다시 공격에 나서자 진나라 군대는 괴멸 상태에 빠졌다. 진격을 계속한 패공은 드디어 함양에 다다랐다. 진나라 왕 자영도 패공에게 항복했다.

패공이 진나라의 궁궐에 들어가 보니, 궁전과 휘장, 개와 말, 값진 보물 등이 매우 화려하고 풍족했다. 후궁의 미녀들도 수천 명을 헤아릴 정도로 많아서 패공은 얼이 빠져 그곳에서 머물고 싶어 했다. 번쾌가 패공에게 궁궐 밖에서 야영하기를 권했는데도 패공은 듣지 않으려 했다. 그러자 장량이 충고했다.

"진나라가 무도한 짓을 저질렀기 때문에 우리가 여기에 들어올 수 있었습니다. 천하를 위해 남은 적을 소탕하시려면 검소하셔야 합니다. 함양을 빼앗은 지금 호화로운 생활을 누리신다면 비난을 면키 어려울 것입니다. '충성스러운 말은 귀에는 거슬리지만 행실에 이롭고, 좋은 약은 입에는 쓰지만 병을 고친다'라고 합니다. 제발 번쾌의 말을 들으십시오."

그러자 패공은 패상까지 되돌아와서 야영했다.

타고난 전략가, 장량

장량은 한韓나라로 귀환했다. 항우는 일찍이 장량이 패공과 행동을 함께했기 때문에 패공과 한왕韓王 성이 연합할 것이 두려웠다. 그래서 한왕 성을 귀국하지 못하게 하고 자신의 군대에 합류시켜 동쪽으로 끌고 갔다. 그러자 장량이 항우에게 말했다.

"한왕漢王 유방은 잔도를 모두 불태워 끊었습니다. 한왕은 동쪽으로 회군할 마음이 전혀 없습니다."

그리고 장량은 제왕 전영이 모반했다는 사실을 편지로 알려, 한漢에 대한 경계심을 풀고 병력을 북쪽 제나라로 집중토록 했다. 이리하여 항우는 서쪽 한왕漢王에 대한 경계심을 풀고, 곧 군대를 이끌고 제나라를 토벌하기 위해 북으로 출병했다. 그러나 끝까지 한왕 성의 귀국은 허락하지 않았고, 왕에서 후侯로 신분을 강등시킨 후 팽성에서 살해했다.

장량은 간신히 달아나서 한왕漢王을 찾아갔다. 이때 한왕은 이미 회군하여 삼진을 평정하고 있었다. 한왕은 장량을 성신후成信侯로 임명하고, 함께 동쪽으로 가서 항우의 본거지인 팽성을 점령했다. 그러나 항우의 군사가 급히 되돌아와서 한나라 군과 맞섰고, 한나라 군은 패하여 하읍까지 달아났다. 한왕은 말에서 내려 말안장에 기대고는 탄식했다.

"이제 함곡관 동쪽의 땅은 포기해야 하는구나. 이왕 포기할 바에야 나와 함께 초나라를 무찌르는 데 공을 세운 사람에게 그 땅을 떼어 상으로 주겠다."

장량이 말했다.

"구강왕 경포는 초나라의 맹장이지만 항우와는 사이가 좋지 않습니다. 또한 팽월은 제왕 전영과 호응하여 양나라에서 반란을 일으켰으니, 우선 이 두 사람에게 사자를 보내십시오. 군주의 부하 중에서 오직 한신만이 큰일을 해낼 수 있습니다. 이 세 사람에게 함곡관 동쪽의 땅을 주기로 약속하시면 초나라를 격파할 수 있습니다."

한왕은 수하를 보내 구강왕 경포를 설득하게 하고, 팽월에게도 사자를 보내어 동맹을 맺었다. 한편 위왕 표가 반란을 일으키자 즉각 한신에게 군사를 주어 위나라를 공략하게 했다. 이

185

기세를 몰아서 한漢나라는 연나라·대나라·제나라·조나라를 모두 점령했다. 결국 한왕이 초나라를 격파할 수 있었던 것은 이 세 사람의 힘 덕분이었다. 장량은 병약한 몸이었기 때문에 한 번도 장군이 되어 군대를 통솔한 적은 없었고, 늘 참모로서 한왕을 곁에서 수행했다.

한나라 3년(기원전 204년), 항우가 형양에서 한왕을 급습하여 포위했다. 궁지에 몰린 한왕은 역이기를 불러 초나라를 약화시켜 형세를 역전시킬 방책을 물었다. 역이기가 말했다.

"과거에 탕왕은 걸왕을 토벌하고, 그의 자손을 기杞나라에 봉했습니다. 무왕은 주왕을 토벌하고, 그 자손을 송宋나라에 봉했습니다. 그러나 진나라는 도의를 하찮게 여기었기에, 제후들의 국가를 침략하여 6개 나라의 자손을 멸망시키고 한 조각의 영토도 남겨주지 않았습니다. 따라서 대왕께서 지금 6개 나라의 자손을 다시 복위시켜 그들 모두를 제후에 봉하신다면 공자와 신하들, 백성 모두가 폐하의 은덕에 감사하고 신하들이 따를 것입니다. 천하에 덕의德義가 행해지면 폐하는 패왕이라 불릴 것이고, 그러면 초나라는 반드시 정신을 차리고 내조來朝할 것입니다."

"좋소. 바로 제후의 인印을 새기게 하겠소. 수고스럽지만 선생께서 직접 가서 제후에게 전해주시오."

역이기가 떠나기 직전에 장량이 찾아와 알현했다. 식사 중이었던 한왕은 장량에게 말했다.

"자방(장량의 별명)은 어서 들어오시오. 나를 위해 초나라의 형세를 역전시킬 계책을 가지고 온 자가 있었소."

한왕은 역이기가 진언한 내용을 말하며 의견을 물었다

"어떻게 생각하시오?"

"어떤 사람이 폐하를 위하여 그런 계책을 세웠습니까? 이 계획대로 하면 폐하의 대업도 끝장입니다."

"왜 그렇게 생각하오?"

"앞에 있는 젓가락을 주시면 비교하여 말씀해드리겠습니다. 옛날, 탕왕이 걸왕을 토벌하여 그 자손을 기나라에 봉한 것은 걸왕을 죽음으로 몰아넣을 수 있다고 생각했기 때문입니다. 지금 폐하께서는 항우를 죽음으로 몰아넣을 수 있습니까?"

"아니, 그건 무리오."

"이것이 6개국의 후손을 봉하는 일을 반대하는 첫 번째 이유입니다. 무왕이 주왕을 토벌하여 그의 자손을 송나라에 봉한 것은 주왕의 목을 가질 수 있을 것이라고 생각했기 때문입니다. 지금 폐하께서는 항우의 목을 가질 자신이 있습니까?"

"아니, 무리오."

"이것이 반대하는 두 번째 이유입니다. 무왕은 은나라에 들어가 칩거하고 있던 상용의 고향에서 그의 노고를 치하하고, 감금당했던 기자를 석방했으며, 비간의 묘를 수복했습니다. 지금 폐하께서 성인의 묘를 수복하고, 현자를 찾아 그의 고향에서 노고를 치하하고, 지혜로운 자를 방문하여 경의를 표하실 수 있습니까?"

"아니, 무리오."

"이것이 반대하는 세 번째 이유입니다. 무왕은 거교의 식량을 방출하고, 녹대의 재화를 풀어 가난한 자들에게 나누어주었습니다. 지금 폐하께서 창고를 열어 가난한 자들에게 재화와 식량을 나누어주실 수 있습니까?"

"아니, 무리오."

"이것이 네 번째 이유입니다. 은나라를 토벌하는 것이 끝나자 무왕은 병거兵車를 폐기하여 일반인을 위한 수레로 만들고, 무기를 뒤집어놓은 뒤 호피로 덮개를 씌우면서 천하에 두 번 다시 무력을 사용하지 않겠다는 결의를 표하셨습니다. 지금 폐하께서는 군비를 폐기하시고 문치文治로 다스려, 두 번 다시 무력을 행사하지 않겠다는 맹세를 하실 수 있으십니까?"

"아니, 무리오."

"이것이, 다섯 번째 이유입니다. 무왕은 군마를 화산 남쪽에 풀어놓고 방목하며, 두 번 다시 사용하지 않겠다는 결의를 보이셨습니다. 지금 폐하께서는 군마를 풀어놓고 방목하실 수 있으십니까?"

"아니, 무리오."

"이것이 여섯 번째 이유입니다. 무왕은 소를 도림桃林에 풀어두고는, 두 번 다시 군량미를 운송하는 데 사용하지 않겠다는 의지를 보이셨습니다. 지금 폐하께서는 소를 풀어두실 수 있으십니까?"

"아니, 무리오."

"이것이 일곱 번째 이유입니다. 많은 유협들이 육친과 이별하고 분묘를 버리면서까지 고향을 뒤로하고 폐하를 따라 군대에서 밤낮으로 뛰어다니는 것은 작게나마 영토를 얻기 위함입니다. 지금 6개국을 부흥시켜 한나라, 위나라, 연나라, 조나라, 제나라, 초나라의 자손을 세운다면 협객들 대부분은 고향으로 돌아가 각자의 주군을 모시거나, 육친이 있는 곳과 분묘가 있는 고향으로 돌아갈 것입니다. 그렇게 된다면 폐하께서는 누구를 믿고 의지하면서 천하를 얻을 계획이십니까? 이것이 여덟 번째 이유입니다."

그리고 장량은 이어서 말했다.

"아시겠습니까? 지금은 초나라가 최강이기 때문에, 6개국의 자손을 세운다면 또다시 초나라에 굴복할 것입니다. 그들을 폐하를 따르는 신하들로 여겨서는 안 됩니다. 빈객의 계책을 쓰신다면 폐하의 사업도 끝장이 될 것이라는 말은 이 때문입니다."

한왕은 식사를 그만두고는 입에 있는 음식물을 토해냈다.

"이런 애송이가 있나! 자칫하다가 나의 대업을 망칠 뻔했구나."

한왕은 즉시 인印을 부숴버렸다.

189

장량, 유후가 되다

한나라 6년(기원전 201년) 정월, 논공행상이 시작되었다. 그런데 장량은 별다른 전공이 없었다. 그러나 고조는 장량의 전공을 높이 평가했다.

"장막 안에서 작전을 세우고 천 리 밖에서 승리를 결정하니, 이것이 그대의 공로이다. 제나라의 3만 호 영지를 하사하겠으니, 원하는 장소를 택하시오."

"소신은 처음 하비에서 군사를 일으켰고 유 땅에서 폐하를 처음 뵈었습니다. 그것은 하늘이 내려준 인연이었습니다. 폐하께서는 소신의 계책을 여러 번 채택해주셨는데, 다행스럽게도 성공을 거두었습니다. 소신은 유 땅으로 만족합니다. 3만 호는 분에 넘칩니다."

한왕은 소하와 여러 사람에게 봉토를 내릴 때 장량을 유후留侯로 삼았다. 같은 해 봄, 한왕은 큰 공이 있는 신하 20여 명에게 포상했다. 그러나 공신들은 서로 공로를 다투며 경쟁하여 봉토를 결정할 수가 없었다.

어느 날, 고조가 낙양의 남궁에 머물다가 2층 회랑에서 내려다보니 장군들이 정원 여기저기 모여 앉아 쑥덕거리고 있었다. 고조는 유후에게 물었다.

"저들은 모여서 무슨 얘기를 하고 있는 거요?"

"폐하께서는 모르고 계셨습니까? 반란을 꾀하고 있는 것입니다."

"천하가 막 안정됐는데 왜 반란을 일으킨다는 거지?"

"폐하께서는 서민의 신분에서 일어나 저 무리들을 부려서 천하를 차지하셨습니다. 그런데 지금 봉지를 받은 자들은 모두 소하나 조참같이 옛날부터 폐하가 총애한 사람들뿐입니다. 반면 죽인 자들은 평소에 폐하가 미워하던 사람들입니다. 지금 담당자가 각 개인의 공로를 따져보고 있는데 천하의 땅을 다 내주어도 모든 사람들에게 봉지를 주기에는 부족하다고 합니다. 그래서 저들은 폐하께서 봉지를 내려주지 않을까 염려하고 있을 뿐 아니라 과거의 과실로 인해 죽게 될까 봐 반란을 꾀하고 있는 것입니다."

이에 고조가 걱정하며 말했다.

"어떻게 하면 되겠소?"

"폐하께서 평소에 가장 미워하는 사람인데 그 사실을 신하들
도 다 아는 사람이 누구입니까?"

"옹치지. 옹치에게는 옛날부터 원한이 있지. 나를 자주 골탕
먹였거든. 짐이 그를 죽여버리려 했으나 공적이 크기 때문에 참
고 있소."

"그러면 우선 옹치에게 봉지를 내리시고 여러 신하들 앞에서
발표하십시오. 옹치가 봉지를 받았다고 하면 그들은 자신들도
봉지를 받게 될 것으로 믿을 것입니다."

고조는 술자리를 열고 옹치를 십방후什方侯에 봉했다. 그리고
승상과 어사에게 포상을 내리는 행사를 빨리 진척시키도록 명
했다. 그러자 군신들은 술잔을 내려놓고 환호를 질렀다.

"옹치도 후侯가 됐으니 우리는 걱정할 것도 없어."

그 무렵 유경이라는 자가 고조에게 도읍을 관중으로 옮기자
고 진언했다. 고조는 결정하지 못하고 머뭇거렸다. 고관들이
모두 산동(태항산 동쪽) 출신이어서 대다수가 중원인 낙양에 도
읍을 정하도록 권했기 때문이었다.

"낙양은 동쪽에는 성고라는 요충지가 있고, 서쪽에는 효산과
면지의 험준한 요새지가 있으며, 뒤에는 황하가 흐르고 앞에는
이수伊水와 낙수洛水가 흐르고 있어 이보다 더 견고한 곳은 없습
니다."

그러나 장량은 반대했다.

"낙양은 견고한 곳임이 분명합니다. 그러나 면적은 수백 리에 불과합니다. 땅은 척박하고 중원에 있어 적의 공격을 받으면 고립될 위험도 있습니다. 이래서는 도저히 천하를 제압하지 못합니다. 반면에 관중은 동쪽으로는 효산과 함곡관이 있고, 서쪽에는 농산에서 민산에 이르는 산맥이 있으며, 비옥한 들이 천 리까지 뻗어 있고, 남쪽에는 파·촉의 풍요로운 땅이 있으며, 북쪽에는 군마軍馬의 산지인 호胡를 두고 있습니다. 남쪽과 북쪽, 서쪽의 3면은 험준한 자연 산맥이 굳게 막아주고 있고 단지 동쪽만이 열려 있어, 그 방면만 제압하면 됩니다. 제후가 안정되어 있을 때는 황하, 위수를 통해 천하의 부귀를 도읍으로 모아들일 수 있으며, 제후가 반란을 일으키면 강을 따라 내려가 군대와 물자를 얼마든지 수송할 수 있습니다. 이곳은 세상이 말하는 '천 리에 이르는 철옹성이자 하늘이 부여한 나라'입니다. 유경의 진언이 옳습니다."

고조는 그날로 수레를 몰아 서쪽으로 가 관중을 도읍으로 정했다.

유후 장량은 스스로 "우리 집안은 대대로 한나라의 재상을 지냈다. 한나라가 멸망했을 때 나는 만금의 가산을 아끼지 않고 내놓아 원수인 진나라에 복수하여 천하를 놀라게 한 적도 있었다. 지금은 이 세 치 혀로 제왕의 사師가 되어, 1만 호의 봉지

193

를 받고 제후의 자리에 올랐다. 한낱 평민의 몸으로 이보다 더한 영달이 어디 있겠는가. 나는 매우 만족한다. 장차 속세를 떨쳐버리고 적송자赤松子처럼 선계에서 살고자 한다."고 말하곤 했다. 그러고는 곡식으로 만든 음식을 먹지 않고 도인법導引法을 행하여 몸을 가볍게 했다.

이 무렵 고조가 세상을 떠나고 태자가 뒤를 잇자, 유후를 은인으로 여기던 여후는 유후의 건강을 걱정했다. 여후가 유후에게 이렇게 말했다.

"인생은 한 번뿐이고, 눈 깜짝할 사이에 지나가 버리오. 굳이 그렇게 당신 스스로를 괴롭게 할 필요가 있습니까?"

그 말을 들은 유후는 거절하지 못하고 음식을 먹었다. 고조가 승하한 지 8년 후에 유후도 숨을 거두었다. 시호는 문성후文成侯였다. 아들인 불의가 유후의 지위를 이어받았다.

옛날 하비의 다리 위에서 태공망의 병법서를 건네준 노인이 13년 후에 다시 만나자고 한 그 해, 장량은 고조를 따라 제북을 통과하고 있었는데, 과연 곡성산 아래에 누런 돌이 있었다. 장량은 돌을 가지고 돌아와 정성껏 받들며 제사까지 지냈다.

유후가 세상을 떠나자 누런 돌도 함께 무덤에 합장했으며, 봄과 가을의 제사 때에는 유후뿐만 아니라 누런 돌에게도 제사를 지냈다. 그러나 유후의 아들 불의는 효문제 5년에 불경죄를 저질러 봉지를 몰수당했다.

죄인 출신 장수, 경포

경포는 육 출신으로, 성은 영黥인데 진나라 시대에는 이름 없는 서민에 불과했다. 소년 시절에 점쟁이가 그를 보고 이렇게 예언했다.

"죄인이 될 팔자인데 그 이후에 왕이 될 것이다."

예언대로 경포는 어른이 되었을 때 법을 어겨, 얼굴에 먹물을 들이는 입묵入墨 형을 받았다. 그러나 경포는 얼굴에 기쁜 빛이 가득했다.

"죄인이 된 뒤 왕이 될 관상이라고 했다. 드디어 운이 트이는구나."

이 말을 듣자 사람들은 어이가 없어 웃었다. 판결이 내려진

후 경포는 여산으로 호송되었다. 당시 여산에는 형벌을 받은 죄인의 수가 수십만 명에 달했다. 경포는 그 중에서도 죄수들의 우두머리, 유지들과 깊이 사귀었다. 그런 뒤에 그들을 이끌고 탈출하여, 장강 근처로 도망가 도적이 되었다.

진승이 봉기를 일으키자, 경포는 바로 파군鄱君 오예를 알현한 후 그의 부하들과 함께 진나라에 반기를 들었는데, 수천 명의 병사가 모였다. 파군은 딸을 경포에게 시집보냈다.

진나라 장군 장한이 진승을 무찌르고, 여신의 군대를 격파했다. 그 무렵 경포는 부대를 북쪽으로 이동시켜 진나라 좌우左右 교위의 군대를 공격해 격파하고는 동쪽으로 진격했다.

얼마 안 있어 항량이 강동과 회계를 평정하고, 장강을 건너 서쪽으로 진격하고 있다는 정보가 들어왔다. 또한 진영陳嬰이라는 자가 집안 대대로 초나라 장군이었다는 항량의 부하가 되기 위해 남쪽으로 가고 있다고 했다. 경포도 포장군과 함께 부하들을 이끌고 항량 휘하로 들어갔다.

항량은 회수를 건너 서쪽으로 진격하여, 진승을 배반한 경구, 진가 등을 공격했다. 그 무렵 경포는 전투를 할 때마다 선두에 서서 무공을 세웠다. 항량이 설을 공격하여 입성할 때, 진승이 죽었다는 사실이 분명해졌다. 그러자 항량은 초나라의 회왕懷王을 옹립하고 스스로를 무신군이라 칭했고, 경포는 당양군이라고 명했다. 그 후 항량이 정도에서 전사했고, 회왕은 팽성으로 도읍을 옮겼다. 이에 경포도 여러 장군들과 함께 팽성의 방위에 참가했다.

이 무렵, 진나라가 조나라를 급습하여 포위했다. 그러자 조나라로부터 구원을 요청하는 사자가 끊임없이 찾아왔다. 회왕은 조나라 구원을 위해 송의를 상장군上將軍으로, 범증을 말장末將으로, 항우를 차장次將으로 임명하고, 경포와 포장군을 장군으로 하여 송의의 지휘 아래 북쪽으로 향하도록 했다. 그러나 가는 도중에 송의는 황하 근처에서 항우에게 죽임을 당했다. 어쩔수 없이 회왕은 항우를 상장군으로 임명했고, 다른 장군들은 그의 휘하로 들어갔다.

항우는 우선 경포에게 황하를 건너라고 명하며 진나라 군대에 대한 선제공격을 명했다. 경포는 기대에 어긋나지 않게 여러 차례 전투를 거쳐 마침내 승리를 거두었다. 이 기회를 놓치지 않고 항우는 전군을 이끌고 황하를 건너 진격했다. 그리고 진나라 군대를 격파하고 장한 등을 항복시켰다.

항우의 군대는 연전연승이었고, 그 성적은 제후들 중에 으뜸이었다. 그 결과 제후의 군대는 모두 항우의 명령에 복종하게되었다. 제후의 군대가 초나라에 귀속하게 된 것은 경포가 여러 차례 적은 병력으로 진나라의 대군을 격파했기 때문이었다.

항우의 군대는 서쪽으로 진격을 계속했다. 신안에 도착했을 때, 항우는 항복한 진나라 병사 20만 명을 한밤중에 습격하여 생매장시키도록 경포에게 명령했다. 이윽고 함곡관에 도착했으나, 수비군에 막혀 들어갈 수가 없었다. 항우는 또다시 경포

에게 샛길을 타고 가서 공격하라고 명령했고, 그는 함곡관 일대
에 있던 군사를 격퇴했다. 이렇게 하여 함곡관 안으로 들어가 함
양에 입성하게 되었다. 그동안 경포는 항상 선두에 서 있었다.

전투가 끝난 후 공적에 따라 항왕이 제후를 봉할 때, 경포를
구강왕九江王으로 삼고, 육에 도읍을 정하도록 했다.

한나라 원년(기원전 206년) 4월, 제후 모두는 항우 휘하를 떠나
자신이 임명된 나라로 돌아갔다. 항우는 회왕을 의제義帝로 세
우고 도읍을 장사로 옮기는 한편, 은밀히 구강왕 경포에게 의제
를 습격하여 살해하도록 명했다. 명령을 받은 경포는 그해 8월,
휘하 장수를 시켜 의제를 침현에서 살해했다.

한나라 2년, 제나라 왕인 전영田榮이 항우를 배신했다. 항우는
제나라를 토벌하러 가면서 경포에게도 출진을 촉구했다. 그러
나 경포는 병을 핑계로 출진하지 않았고, 대신 휘하 장수에게
병사 수천을 이끌고 가도록 했을 뿐이었다. 유방의 군대가 항우
의 본거지인 팽성을 공략할 때도, 경포는 병을 핑계로 항우를
돕지 않았다. 그 때문에 항우는 경포를 원망하게 되었고, 여러
차례 사자를 보내 문책하며 경포를 소환하려고 했다. 그러자 경
포는 점점 더 항우를 경계하고 찾아가지 않았다.

이 무렵 항우는 북쪽으로는 제나라와 초나라를 적으로 두고,
서쪽으로는 한왕 유방을 적으로 두고 있었기 때문에 의지할 자

는 경포밖에 없었다. 게다가 경포의 재능을 높이 샀던 항우는

어떻게 해서든지 경포를 아군으로 두고 싶었다. 그래서 경포를 공격하지는 않았다.

한나라 2년, 한왕은 초나라를 공격하기 위해 팽성에서 공격했는데 별 성과를 거두지 못하고 양나라 땅을 나와 우 땅으로 후퇴하면서 좌우에 있는 자들을 질책했다. 그때 등장한 것이 수하로, 앞서 살펴본 바와 같이 수하는 경포를 찾아가 항우를 떠나 한왕 유방의 편에 가담하도록 설득했다.

그 후 경포는 한왕 유방이 천하를 통일하는 데 커다란 공을 세웠다. 천하가 평정된 후 축하의 연회가 열린 자리에서 한고조가 된 유방이 말했다.

"수하는 별 볼일 없는 선비에 불과하다. 천하를 다스리는 데 그런 선비를 등용할 필요는 없다."

이에 수하는 무릎을 꿇고 말했다.

"그렇다면 폐하께서는 군사를 이끌고 초왕 항우가 건재할 당시 병사 5만, 기병 5만으로 회남을 공격할 수 있었습니까?"

"그건 불가능했다."

"폐하께서는 20명의 시종과 함께 저를 회남으로 보내셨습니다. 저는 회남에 가서 폐하의 뜻에 따라 경포를 폐하 편으로 돌렸습니다. 그런데도 폐하께서는 제가 썩은 선비에 불과하다고 여기십니까?"

고조는 할 말이 없었다.

"네 그대의 공로를 고려하겠다."

경포의 최후

　그 후 경포는 할부를 쪼개 받은 후 회남왕에 올라 육에 도읍을 정하고 구강, 여강, 형산, 예장의 모든 군을 영지로 받았다. 그런데 한나라 11년(기원전 196년), 회음후淮陰侯 한신이 여후의 손에 살해당했다는 소식이 경포에게도 전해졌다. 그 소식을 들은 경포는 공포감에 사로잡혔다.

　그해 여름, 또다시 양왕梁王 팽월이 주살당했다. 그의 시체는 소금에 절여진 채 그릇에 담겨져 모든 제후에게 배달되었다. 소금에 절인 살덩이는 경포에게도 도착했다. 마침 사냥 중이던 경포는 살덩이를 보고 공포에 휩싸였다. 그는 은밀히 군대를 동원하여 이웃 군郡의 동정을 살피면서 긴급 사태에 대비했다.

그 무렵 경포의 애첩이 병에 걸려 의사를 불렀다. 의사의 집은 비혁이라는 중신의 집과 정면으로 마주 보고 있었다. 애첩은 그 전에 몇 번 의사에게 들른 적이 있었다. 비혁은 경포의 시중으로 일했기 때문에 애첩에게 선물을 보내며, 그녀와 함께 의사의 집에서 술을 마시곤 했다. 경포 곁에서 이야기를 나누던 애첩은 비혁을 능력 있는 인물이라고 칭찬했다. 이 말을 들은 경포는 갑자기 기분이 언짢아졌다.

"너는 어디에서 그와 친해졌느냐?"

애첩은 저간의 사정을 설명했지만, 경포는 두 사람의 관계를 의심하며 용서하지 않았다. 비혁은 경포가 두려워서 병이 들었다는 핑계를 대고 나가지 않았다. 그러자 경포의 의심은 점점 깊어졌고, 비혁을 잡아들이라고 명했다. 가만히 있다가는 살아남을 수 없다고 판단한 비혁은 역전거를 타고 도성인 장안으로 향했다. 경포가 추격자를 보냈으나 따라잡을 수 없었다. 장안에 도착한 비혁은 상소를 올렸다.

'경포가 반란을 꾀하고 있습니다. 일이 벌어지기 전에 토벌해야 합니다.'

고조는 그것을 읽고는 상국相國 소하와 상담했다. 그러자 소하가 답하기를,

"경포는 반란을 일으킬 사람이 아닙니다. 틀림없이 원한을 가진 자가 터무니없는 고자질을 한 것입니다. 비혁을 감옥에 가두고, 경포의 상황을 정탐해보는 것이 어떻겠습니까?"

한편 경포는 비혁이 유방에게 모반을 꾸미고 있다는 상소를 올린 이상, 이곳의 비밀을 모두 말했을 것이라고 생각했다. 실제로 한나라의 사지가 찾아와 상세하게 조사를 한 것이다. 결국 경포는 비혁의 가족 모두를 죽이고 군사를 일으켜 한나라에 반기를 들었다. 경포의 모반을 알리는 서신이 도착하자 유방은 즉시 비혁을 석방하고 장군으로 임명했다. 그리고 여러 장군들을 소집했다.

"경포가 배신했으니, 어떻게 하면 좋겠는가?"

"진압 부대를 투입하여 그자를 생매장하는 것밖에 더 있겠습니까?"

장군들은 대수롭지 않게 답했다. 집으로 돌아온 여음후汝陰侯 등공이 본래 초나라 영윤令尹이었던 설공을 불러 의견을 구했다. 설공은 말했다.

"그 사람, 전에는 반기를 들 생각이 없었습니다."

이에 등공이 다시 물었다.

"폐하께서는 영토를 내리고 왕으로 앉혀 높은 지위를 하사하셨소. 그에게 저택을 세워주고, 큰 나라의 주인이 되게 해주었는데 왜 반란을 일으킨 것이오?"

"작년에 팽월, 한신이 잇달아 주살을 당했습니다. 이 세 명은 공적에 있어서 대등하여 일심동체와 같은 사이입니다. 그런데 두 사람이 주살당하자 자신에게 미칠 화를 생각하고는 반란을 일으킨 것입니다."

이리하여 등공은 고조에게 이렇게 진언했다.

"저의 손님으로 일찍이 초나라에서 영윤을 지낸 설공이라는 자가 있는데, 계책이 있다고 합니다."

유방은 바로 설공을 불렀다. 설공은 이렇게 말했다.

"경포가 반역을 일으킬 것이라는 것은 이미 알 수 있었습니다. 이때 경포가 취할 계획은 세 가지로 예상됩니다. 만일 경포가 상책을 채택한다면, 천하의 동쪽 반은 한나라가 소유할 수 없을 것입니다. 중책을 채택한다면, 승패의 결과는 알 수 없습니다. 하책을 쓴다면, 폐하는 베개를 높이 두고 주무실 수 있습니다."

"그래, 상책이란 무엇인가?"

설공이 대답했다.

"동쪽의 오나라를 공략하고 서쪽 초나라를 점령하며 제나라와 노나라를 병합한 후, 연나라와 조나라에 격문을 보내 그곳을 지키는 것입니다. 이런 계책을 세운다면 한나라라고 해도 함부로 손을 댈 수는 없을 것입니다."

"그럼, 중책은?"

"동쪽으로는 오나라를 공략하고, 서쪽으로는 초나라를 점령하고, 한나라와 위나라를 병합하여 오창의 곡물을 확보하고 성고의 관문을 닫아버린다면, 두 나라 사이의 승패는 알 수 없습니다."

유방이 물었다.

"그러면 하책이란?"

"동쪽으로 오나라를 공략하고, 서쪽으로는 하채를 점령하여 군수품을 월나라로 돌리고, 자신은 장사로 돌아가는 것입니다. 이렇게 된다면 큰일은 벌어지지 않을 것이고, 폐하께서는 베개를 높이 두고 주무셔도 됩니다."

"그는 어떤 수를 쓸 것 같은가?"

"하책을 쓸 것입니다."

"왜 상책과 중책을 쓰지 않고, 가장 안 좋은 책략을 채택할 것으로 생각하는가?"

"경포는 일찍이 여산에서 형벌을 받아, 그곳에서부터 성장하여 대국의 군주가 된 남자입니다. 자기를 위해서는 열심히 계책을 세우겠으나, 장래의 전망이나 백성을 위한 계책 따위를 세울 수는 없습니다. 그렇기 때문에 가장 안 좋은 수를 쓸 것이라고 생각됩니다."

"알겠네."

유방은 그의 말에 동의한 뒤, 설공에게 1천 호의 영지를 하사했다. 그리고 황제의 아들 장을 회남왕에 앉히고, 스스로 군대를 인솔해 동쪽의 경포 토벌에 적극적으로 나섰다. 한편 경포는 반란의 깃발을 휘날리며 휘하 부장들에게 공언했다.

"유방도 나이가 들었으니 전투를 꺼릴 것이다. 그러므로 자신은 출전하지 않고 다른 부장을 출병시킬 것이다. 장수들 중에 힘겨운 상대는 한신과 팽월이었으나, 두 사람 모두 죽었다. 나머지는 문제가 되지 않는다."

경포는 설공의 예측대로 동쪽 오나라 형을 공격했다. 형왕인 유가劉賈는 패주하여 부릉에서 죽었다. 형나라 군사를 빼앗은 경포는 그들을 몰아, 회수를 건너게 하여 초나라 영토를 공격했다. 초나라 측도 군대를 출전시켜 서와 동 일대에서 이들을 맞이하여 싸웠다. 그들은 부대를 세 개로 나눠 진격하면서 기습할 계획이었다. 이때 초나라 부장部將에게 경고하는 자가 있었다.

"경포는 전투에 능하다고 소문이 무성해 그의 말만 들어도 병사들은 모두 뒷걸음질을 칩니다. 병법에도 자기 나라 땅에서 싸우면 병졸들이 도망가기 쉽다고 합니다. 지금 우리는 병사를 셋으로 나누었는데, 적에게 한 부대라도 격파당한다면 나머지 두 부대는 모두 도망칠 것입니다. 서로 힘을 모아 싸울 것이라는 기대는 금물입니다."

그러나 초나라 부장은 받아들이지 않았다. 전투가 시작되었고, 경포는 한 부대를 격파했다. 그러자 남아 있던 초나라 군사들은 뿔뿔이 흩어지기 시작했다.

이리하여 경포는 군대를 서쪽으로 돌려, 유방의 군대와 기의 서쪽 회추에서 만났다. 의기양양한 경포의 군사를 보며, 유방은 일단 용성에서 적을 막았다. 앞에 배치된 경포의 군진은 항우의 군진과 똑같았다. 이를 보고 화가 치민 유방은 멀리 있는 경포를 매섭게 노려보며 물었다.

"무엇이 불만이어서 모반을 했는가?"

경포가 답했다.

"황제가 되고 싶을 뿐이다."

그 한 마디가 고조의 화를 돋웠다. 고조는 욕설을 내뱉으며 공격에 나섰고, 경포의 군대는 패하여 도망갔다. 그 후 회수를 건너 여러 차례 반격을 시도했으나 계속 패했고, 고조의 군사에게 추격당하다 백여 명의 부하와 함께 강남으로 도망치게 되었다.

경포는 일찍이 파군의 딸과 결혼했기 때문에 파군의 아들인 성왕成王이 사자를 보내 함께 월나라로 도망가자고 그를 꾀어냈다. 경포는 이 말을 진심으로 믿고 파양까지 왔고, 자향의 한 농가에 머물다가 파양 사람들에게 죽임을 당했다. 이렇게 하여 경포는 역사에서 사라지게 되었다.

고조는 자기 아들 장을 회남왕에 올리고, 비혁을 기사후期思侯에 봉했으며, 종군했던 많은 장군에게도 공적에 따라 봉지를 하사했다.

반란군에 가담한 도적, 팽월

팽월은 창읍 출신으로, 자는 중仲이다. 그는 거야의 호수에서 고기잡이하는 어부였지만, 실제로는 무리를 지어 도적질을 하고 있었다. 그 무렵 진승과 항량이 봉기했다는 소문을 들려왔다. 한 젊은이가 팽월에게 말했다.

"호걸들이 여기저기서 진나라에 반기를 들고 있습니다. 천하를 차지해보겠다는 배짱이지요. 형님, 어떻습니까? 우리도 그들처럼 한 번 싸워보는 것이 좋지 않겠습니까?"

그러나 팽월은 고개를 가로저었다

"두 마리 용이 싸우고 있으니 아직 이르다. 좀 두고 기다려 보자."

1년이 지나자, 백여 명의 젊은이가 모여들어 팽월에게 청했다.

"제발 우리의 우두머리가 되어주시오."

그러나 팽월은 고개를 가로저었다.

"안 돼, 너희 무리와 일을 도모할 수는 없다."

그러나 젊은이들이 간곡하게 청하며 물고 늘어지자, 팽월은 할 수 없이 승낙했다. 이튿날을 거사일로 정한 그들은 해가 뜨는 시각에 집합하기로 약속하고, 지각하는 자는 그 자리에서 죽이기로 했다. 그런데 이튿날 아침 약속 시간이 되었는데 10여 명이나 지각을 했다. 심지어 어떤 자는 해가 중천에 떠서야 나타났다. 팽월은 단상에 올라가서 말했다.

"너희는 거절하는 나를 설득해 두목의 자리를 맡겼다. 그런데도 약속을 어기는 자가 이렇게 많으니 어찌 된 것인가? 지각을 한 사람을 모두 처형할 수 없으니, 가장 나중에 온 자만을 죽이겠다."

팽월은 그 무리의 대장 격인 사내에게 명하여 맨 나중에 온 자를 베어 죽이라고 했다. 그러나 모두 그저 웃을 뿐이었다.

"죽일 것까지 있습니까? 다음부터 늦지 않으면 될 텐데."

그러자 팽월은 갑자기 뛰어나가 맨 나중에 온 사람을 끌어내어 한칼에 목을 베어버렸다. 그리고 제단을 만들어 그 사내의 시체를 올리고 일동을 향해 호령했다. 그 모습에 모인 자들 모두가 간담이 서늘해져 모두 팽월 앞에 무릎을 꿇었다.

이렇게 거사의 깃발을 든 팽월은 제후군의 패잔병을 모아 1천여 명에 이르는 큰 세력을 형성했다. 유방이 탕의 북쪽으로부터 창읍을 공격할 때 팽월은 유방을 도와 공격에 참가했다. 그러나 유방은 창읍을 함락시키지 못한 채 병사를 이끌고 서쪽으로 갔다. 이에 팽월은 부하를 이끌고 거야로 되돌아가 위나라의 패잔병을 편입시켜 세력을 키웠다.

드디어 초나라의 항우가 관중을 정복하고 제후를 각지의 왕에 봉하자 제후들은 영지로 돌아갔다. 그런데 팽월은 1만이 넘는 대군을 거느리고 있었는데도 아무런 봉작封爵을 받지 못했다.

한나라 원년(기원전 206년) 가을, 제나라 왕 전영이 항우에 반기를 들었다. 한왕 유방은 팽월에게 사자를 보내 장군의 인수를 내린 뒤, 제나라와 협력해서 제음에서 남쪽으로 내려와 초나라를 공격할 것을 청했다. 이에 초나라는 소공각에게 팽월을 칠 것을 명했다. 그러나 오히려 팽월에게 반격을 당하여 패하고 말았다.

한나라 2년 봄, 유방은 위표를 비롯한 다른 제후들과 연합하여 동쪽으로 가서 초나라를 공격했다. 이때 팽월은 휘하의 3만 대군을 거느리고 외황에 주둔한 유방을 찾아갔다. 그를 맞이한 유방은 위나라의 왕위에 관해 이렇게 말했다.

"팽 장군은 위나라 땅을 거두어서 10여 개의 성을 얻었는데, 서둘러 위나라의 왕통을 이으려 하고 있소. 위표도 위나라 왕인 구의 사촌 동생이니 틀림없는 위나라 자손이오. 이 사람을 왕으로 세우면 좋겠소."

팽월이 승낙하자, 유방은 그를 위나라 재상으로 등용하고 위나라의 옛 영토를 분배하는 문제를 모두 팽월에게 맡겼다. 그러나 유방이 팽성 전투에서 패하여 퇴각하자, 팽월이 획득한 6개의 성읍도 모두 빼앗겼다. 팽월은 휘하 군대만을 이끌고 북쪽으로 가서 황하 연안에 머물렀다.

한나라 3년, 팽월은 한나라 유격군으로 초나라를 쳐서 초군의 보급로를 막았다. 한나라 4년 겨울, 초왕과 한왕이 형양에서 대치했다. 팽월은 한나라를 도와 수양, 외황 등 17개 성을 함락시켰다. 이 소식을 보고받은 항우는 조구에게 성고를 수비하게 하고, 직접 동쪽으로 진격하여 팽월이 함락시킨 성을 모두 되찾았다. 팽월은 북쪽 곡성까지 달아날 수밖에 없었다.

한나라 5년(기원전 202년) 가을, 초나라 항왕이 싸움에서 패하여 양하로 남하하자, 팽월은 다시 창읍 부근의 20여 개 성을 함락시켰다. 그는 이때 얻은 양곡 10여만 곡을 한왕에게 군량미로 제공했다. 유방이 싸움에서 패하고 팽월에게 사자를 보내 초나라를 함께 공격하자고 제의했다. 그러나 팽월은 거절했다.

"위나라 지역을 겨우 평정하기는 했으나 초나라의 위협이 계속되고 있습니다. 그래서 나는 지금 이곳을 떠날 수가 없습니다."

유방은 초나라 군을 추격했지만 고릉에서 초나라 군의 반격을 받아 항우에게 패했다. 유방은 유후留侯 장량과 의논했다.

"제후가 나에게 협조하지 않으니 어찌하면 좋겠소?"

장량은 대답했다.

"제나라 왕 한신이 왕을 칭했을 때, 대왕께서는 좋게 보시지 않았습니다. 그래서 한신은 자기의 지위를 항상 불안해하고 있습니다. 또 팽월은 위나라 땅을 평정하여 대단한 공적을 세웠는데도, 대왕께서는 재상의 지위밖에 주시지 않았습니다. 지금은 위표도 죽고 후계자도 없을뿐더러 팽월이 왕위를 바라고 있는데도, 대왕께서는 위왕을 아직도 결정하지 않고 계십니다. 한신과 팽월 두 사람에게 제나라와 위나라를 주겠다고 약속해 불만을 해소시킨 후에 맹약을 체결해야 합니다.

수양 북쪽에서 곡성까지의 전 지역을 팽월에게 주어 그를 왕으로 삼으십시오. 또 진陳에서부터 해안 지대까지 동부 지역을 제나라 왕 한신에게 주십시오. 한신은 고향이 초나라이므로 자신의 고향을 차지하는 것이 숙원입니다. 대왕께서는 두 지역을 아낌없이 내주시고 제후 연합군을 만들어야 합니다. 그렇게만 하신다면, 두 사람은 당장에라도 군사를 거느리고 달려올 것입니다. 그러나 이 조처를 하지 않으시면 우리의 앞날은 예측할 수 없습니다."

유방은 팽월에게 사자를 보내 장량이 말한 대로 전했다. 팽월은 곧장 전군을 이끌고 출동하여 해하垓下에서 유방과 합류해 결국 초나라를 깨뜨렸다.

한나라 5년, 항우가 죽었다. 이해 봄에 팽월은 양왕梁王이 되었고, 정도에 도읍을 정했다.

한나라 10년(기원전 197년) 가을, 진희陳豨가 대 땅에서 반란을 일으켰다. 고조 유방은 직접 군사를 거느리고 한단으로 가서, 양왕 팽월에게 병력을 제공하라고 명령했다. 그러나 양왕은 병을 핑계하면서, 부하 장군만을 한단으로 가도록 했다. 화가 치민 고조는 사자를 파견하여 팽월을 질책했다. 팽월은 처벌을 받을까 두려워서 직접 가서 사죄하려고 했다. 그러나 장군 호첩이 반대했다.

"왕께서 애초에 병을 칭하며 부하 장병만을 대신 싸우게 보내셨습니다. 그런데 질책을 받았다고 해서 이제 새삼스럽게 가신다는 것은 더욱 곤란합니다. 지금 가신다면 분명히 붙잡힐 것입니다. 차라리 이렇게 된 이상 군대를 일으켜 반기를 드는 편이 낫습니다."

팽월은 그 말을 듣고 출두하는 것을 포기했다. 그러나 호첩의 충고는 듣지 않고, 여전히 병을 핑계 삼아 누워만 있었다. 그때 팽월은 시종장 복에게 화가 나서 그를 처형하려고 했었다. 이를 눈치 챈 복은 달아나 고조에게 가서, 양왕과 호첩이 반란을 꾀하고 있다고 참소했다. 이에 고조는 몰래 사자를 보내 팽월을 사로잡아 가두었다. 결국 낙양에 갇힌 팽월은 법관의 취조를 받았다. 법관은 고조에게 반란의 조짐이 있다고 보고했다.

"모반의 조짐이 분명합니다. 법에 따라 처리하는 것이 좋을 것입니다."

하지만 고조는 팽월을 죽이지 않고, 서민으로 격하시켜 역마에 태워 촉 땅의 청의로 유배를 보냈다. 팽월을 태운 마차가 서쪽으로 달려 정鄭 땅에 이르렀을 때, 때마침 장안에서 낙양으로 가던 여후 일행과 마주쳤다. 길에서 알현을 허락받은 팽월은 여후 앞에 엎드려 울면서 자신의 무죄를 호소하고, 고향 창읍에 돌아가서 살도록 해달라고 간청했다. 여후는 그의 청을 받아들여 일행에 포함시켜 낙양으로 데려갔다. 그리고 여후는 고조에게 이렇게 보고했다.

"팽월은 장사입니다. 만일 촉 땅으로 귀양을 보내 살려두면 화근이 될 것이 분명합니다. 화근을 남길 바에는 차라리 이대로 죽이는 것이 낫습니다. 그런 생각으로 팽월을 제가 데려온 것입니다."

여후는 신하에게 팽월이 여전히 모반을 꾸미고 있다고 말하도록 시켰다. 정위廷尉 왕염개가 팽월 일족을 모두 죽일 것을 청하자, 고조 또한 허락할 수밖에 없었다. 결국 팽월 일족은 모두 처형되고, 영지는 몰수되었다.

· 4 ·

여태후, 한漢나라를 흔들다

조강지처, 여후

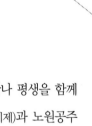

여태후는 고조가 아직 무명이었던 시절에 만나 평생을 함께 한 조강지처였다. 여후는 아들 영(盈, 훗날의 혜제)과 노원공주를 낳았다. 고조는 한나라 왕이 된 후, 척희라는 측실을 얻고는 몹시 총애했다. 고조와 척부인 사이에 난 아들이 훗날 조趙나라 은왕隱王이 된 여의如意이다. 고조는 척부인과의 사이에서 낳은 여의를 매우 사랑했다. 한편 태자 영은 사람됨이 어질고 나약해 사내답지 못했다. 그래서 고조는 영을 총애하지 않았으며, 척부인의 아들 여의를 태자로 세우고자 했다.

척부인은 고조가 나들이를 갈 때 언제나 따라갔으며, 자기 아들을 태자로 삼아달라고 울면서 애원하곤 했다. 반면, 여후는 나이가 들어 아름다움이 사라진 지 오래였다. 게다가 언제나 궁중에만 머물러 있으니 고조와 만날 기회조차 없어 고조와의 사이는 차츰 멀어져만 갔다.

척부인의 아들 여의가 조나라 왕에 봉해진 뒤, 태자 영은 여러 차례 폐위당할 위기에 처하곤 했다. 그런데도 영이 태자의 지위를 지킬 수 있었던 까닭은 여러 중신들의 간언과 더불어 유후留侯 장량의 계책이 있었기 때문이었다.

여후는 남자를 능가하는 강한 성품을 지닌 여성으로, 고조를 도와서 천하를 평정하는 데 일익을 담당했다. 고조가 천하를 통일한 뒤 역대 중신들을 역적으로 몰아 차례로 죽이고, 한나라의 왕실을 튼튼하게 만드는 데도 여후의 공로가 컸다.

여후에게는 오빠가 둘 있었는데, 모두 장군이었다. 큰오빠 주여후는 전사하여 아들 여태가 역후酈侯에, 여산은 교후交侯에 책봉되었다. 둘째오빠 여석지는 건성후建成侯가 되었다. 고조 12년(기원전 195년) 4월, 고조가 장락궁에서 세상을 떠나자, 태자 영이 그의 뒤를 이어 즉위했다.

고조가 총애한 척부인을 증오하던 여후는, 고조가 죽기를 기다렸다가 척부인을 사로잡아 영항에 유폐시켰다. 그러는 한편 척부인의 아들인 조나라 왕 여의를 즉시 궁으로 출두토록 했다. 그런데 여러 차례에 걸쳐 사신을 보내도 조왕은 오지 않았다. 도리어 조나라의 재상 건평후建平侯 주창이 여후의 사신에게 이렇게 말하는 것이었다.

"조왕이 아직 나이가 어려서, 선제先帝께서는 제게 조왕을 잘 지켜주라고 부탁하셨습니다. 태후께서는 척부인을 미워하여 조왕을 불러 함께 죽이려 한다고 들었습니다. 그러니 어찌 왕을 보낼 수 있겠습니까? 더구나 왕께서는 병으로 누워 계셔서 궁으로 갈 수 없습니다."

여후는 화가 나서 주창에게 출두를 명했다. 주창은 여후의 소환에 응하여 장안으로 갔다. 그 사이 여후가 또다시 사신을 보내 조왕을 불러오게 했다. 그제서야 조왕은 출발했다. 형제간에 우애가 깊었던 혜제는 모친인 태후의 속셈을 알아차리고, 조왕이 장안으로 도착하기 전에 직접 파상에서 맞이하여 궁궐로 함께 들어왔다. 그 후 조왕과 함께 지내면서 잠시도 그의 곁을 떠나지 않았다. 그래서 태후는 조왕을 죽일 기회를 잡을 수 없었다.

혜제 원년(기원전 194년) 12월, 혜제는 새벽에 사냥을 나갔는데, 어린 조왕은 일찍 일어나지 못해 혼자 남아 있었다. 태후는 조왕이 혼자 있다는 사실을 알고, 사람을 시켜 조왕에게 짐독鴆毒을 먹였다.

혜제가 사냥에서 돌아와 보니 조왕은 이미 죽은 후였고, 조왕의 자리는 혜제의 이복동생인 회양왕淮陽王 우가 잇게 되었다. 여름에는 조칙을 내려 역후 여태呂台의 아버지, 즉 여태후의 큰

오빠에게 영무후令武侯의 시호를 추증했다.

그리고 마침내 태후는 척부인에게 복수할 기회를 잡았다. 여후는 척부인의 손과 발을 잘라내고, 눈을 도려내었으며, 귀를 불로 지져 오려내고 약을 먹여 목덜미를 태워버렸다. 그리고 변소에 버리고 '사람 돼지'라고 불렀다.

며칠 후 혜제를 불러 '사람 돼지'를 구경하게 했다. 혜제는 처음에는 누군지 알아보지 못하다가 척부인이라는 소리를 듣자 통곡했고, 이 일로 병이 나서 1년 동안 병석에 누워 지내야 했다. 혜제는 사람을 보내 태후에게 간곡히 청했다.

"이것은 사람으로서 할 일이 아닙니다. 저는 태후의 아들로서 더는 천하를 다스릴 수 없습니다."

그러고는 이날부터 혜제는 정사에 관여하지 않고, 술과 여자에 빠져 세월을 보내면서 스스로 목숨을 단축시켰다.

혜제 2년(기원전 193년) 10월, 혜제는 여후를 모시고 제왕齊王과 술자리를 마련했다. 혜제는 제왕이 자신의 형이었으므로 그를 윗자리에 앉게 했다. 그런데 이 일이 여후의 비위를 건드렸다. 여후는 두 개의 잔에 독주를 부어 제왕 앞에 놓고 건배하게 했다. 제왕이 일어나서 건배하려고 하자, 혜제도 함께 일어나 술잔을 잡고 건배하려 했다. 이에 여후가 당황하여 혜제의 술잔을 엎어버렸다.

이를 이상하게 여긴 제왕은 술잔을 도로 놓고 거짓으로 취한 척하며 도망쳐 나왔다. 나중에 알고 보니 그것은 짐독을 탄 술이었다. 제왕은 섬뜩해져서 무사히 장안을 빠져나갈 수 있을지 안절부절못했다. 그때 제나라의 내사 벼슬을 가진 선비가 제왕에게 말했다.

"태후의 친자식은 혜제와 노원공주뿐입니다. 지금 왕께서는 70여 개가 넘는 성을 갖고 계시지만, 공주는 겨우 몇 개의 성만 가지고 있습니다. 왕께서 한 고을을 태후께 바쳐 공주의 화장 비용으로라도 쓰라고 하신다면 태후는 마음을 풀 것이고, 왕께서도 평안을 얻으실 것입니다."

제나라 왕은 이 말에 따라 태후에게 성양 땅을 바치고, 공주를 높여 왕태후王太后라 불렀다. 그때서야 태후는 마음을 풀고, 제왕의 집으로 가서 주연을 베풀고 흥겹게 술을 마셨다. 비로소 제왕은 무사히 자기 나라로 돌아갈 수 있었다.

혜제 7년(기원전 188년) 8월, 혜제가 세상을 떠났다. 상을 치르는 동안 여후는 예법에 따라 곡은 했으나, 눈물을 흘리지는 않았다. 유후 장량의 아들 장벽강은 시중侍中으로, 이때 나이가 겨우 15세였는데 승상 진평에게 이렇게 말했다.

"태후께서는 지금 외아들이 세상을 떠났는데도, 울음소리에 조금도 슬픔이 담겨 있지 않습니다. 승상께서는 그 이유를 아십니까?"

진평이 잘 모르겠다고 하자 장벽강이 말을 이었다.

220   "혜제에게는 장성한 아들이 없으므로, 태후가 중신들에게 위

협을 느끼고 있기 때문입니다. 승상께서는 이 기회에 여태, 여산, 여록을 장군으로 삼아 남군과 북군의 병권을 맡기시고, 아울러 여씨 일족을 모두 궁중에 불러들여 요직을 맡기라고 청하십시오. 그러면 태후도 안심할 것이며, 당신들도 화를 당하지 않을 것입니다."

승상은 즉시 벽강의 계책에 따랐다. 태후는 기뻐했고, 그 후부터 울음소리에 슬픔이 서렸다. 여씨 일족의 정치는 이때부터 시작되었다.

여씨 일족, 한나라 조정을 좌우하다

신제新帝 원년(기원전 187년)부터 천하의 법령은 모두 여후가 포고했다. 여후가 사실상 천자가 된 것이다. 여후는 여씨 일족을 왕으로 세우기 위해 우승상右丞相 왕릉에게 의견을 물었다. 왕릉은 대답했다.

"일찍이 고제(高帝, 고조 유방)께서는 흰 말을 제물로 바치며 맹세하셨습니다. 유씨 이외의 성을 가진 자가 왕이 되면 천하가 함께 그를 토벌하라고 말입니다. 여씨를 왕으로 삼는 것은 그 약속을 어기는 것입니다."

그 말을 들은 여태후는 기분이 상했다. 그래서 이번에는 좌승상左丞相 진평과 강후絳侯 주발에게도 의견을 물었다. 두 사람은 이렇게 대답했다.

"고제께서 천하를 통일하셨을 때, 당신의 자식들과 형제를 왕으로 삼으셨습니다. 지금은 태후께서 황제를 대신하셔서 정무를 보시니 태후의 형제분들과 여씨를 왕으로 삼지 못할 이유가 없습니다."

태후는 이 말을 듣고 기뻐했다. 조정에서 물러나온 승상 왕릉은 진평과 강후를 꾸짖었다.

"고제와 함께 피를 마시며 맹세할 때 그대들도 있지 않았소! 고제께서 세상을 떠나신 뒤, 태후가 여자답지 못하게 정권을 쥐고 여씨 일족을 왕으로 세우려 하고 있소. 그런데 태후에게 마음대로 하라고 말하다니 무슨 영문이오? 이래서야 지하에 계신 고제의 얼굴을 뵐 수 있겠소?"

이에 두 사람은 대답했다.

"지금 이 자리에서 누가 옳은지 그른지를 두고 따진다면, 우리가 귀공에 따르지 못할 것입니다. 그러나 한나라의 사직을 편안히 하고 유씨 혈통을 지키는 것을 두고 따진다면 귀공이 우리를 따르지 못할 것입니다."

왕릉은 대답할 말을 찾지 못했다.

혜제의 황후는 선평후宣平侯 장오의 딸이었다. 그런데 황후는 아이를 낳지 못했다. 그러자 여후는 황후가 임신한 것으로 꾸미고는, 혜제와 후궁 사이에서 태어난 아들을 빼앗았다. 그런 후

아이의 생모는 죽이고 그 아들을 태자로 삼았다. 혜제가 세상을 떠난 후 뒤를 이은 것이 바로 이 태자였다. 어느덧 황제가 세상의 이치를 알 만한 나이가 되었다. 황제는 자신의 생모가 죽임을 당했으며, 황후가 친어머니가 아니라는 사실을 알게 되자 격분했다.

"태후라 하더라도 어떻게 내 어머니를 죽이고, 나를 황후의 친아들이라고 한단 말인가? 내가 아직은 어리지만 어른이 된 뒤에는 결코 가만두지 않겠다."

이 말을 전해 들은 태후는 그가 반란이라도 일으키지 않을까 두려워했다. 그리하여 화근을 제거하기 위해 황제를 영항에 가두고, 황제가 병이 심해 위중한 상태라며 누구도 만날 수 없게 했다. 여후가 많은 신하들에게 선언했다.

"천하의 권세를 소유하고 만백성을 다스리는 자는 하늘같이 대지같이 받아들이는 마음이 넓고 인자하며, 도량이 큰 아량을 간직해야 한다. 천자는 봉사하는 마음으로 백성을 평안케 하고, 백성은 기뻐하며 천자를 섬기니, 이 두 마음이 통해 비로소 천하는 다스려지게 되는 것이다. 그러나 황제는 오랜 병으로 정신착란 상태에 빠져 황제의 자리를 이어받아 종묘 제사를 받들 수가 없다. 이래서는 천하를 맡길 수가 없으니, 즉각 다른 사람으로 교체해야 할 것이다."

신하들은 모두 머리를 조아렸다.

"천하 만민을 위해 종묘사직의 안정을 꾀하려는 태후의 마음을 잘 알겠습니다. 신하들은 충심으로 받들겠습니다."

이후로 여후는 공공연히 황제를 폐위시키고, 결국 황제를 살해하기에 이르렀다. 5월 병진일, 혜제와 후궁 사이에 태어난 상산왕 의를 황제로 삼고, 이름을 홍이라고 바꾸었다. 이때를 홍제 원년으로 삼지 않는 것은 여후가 황제의 직위를 대신해 일체의 국사를 다스렸기 때문이다.

소제 홍 7년(기원전 181년) 정월, 태후는 조趙왕 우를 소환했다. 그 이유는 다음과 같았다. 조나라 왕은 여씨 일족을 왕후로 삼았는데, 왕후는 사랑하지 않고 측실만 총애했다. 왕후는 질투에 못 이겨 장안으로 올라와서 여후에게 조왕을 모함했다. 조왕이 말하기를 "여씨 일족으로 왕을 삼다니, 가만있지 않겠다. 태후가 죽으면 내가 반드시 놈들을 죽일 것이다."라고 했다는 것이었다.

그 말을 들은 여후는 화가 나서 조왕을 소환했고, 조왕이 도착하자 궁중 안의 방에 그를 가두어놓고 누구도 만나지 못하게 했다. 궁중을 지키는 군사에게 그를 감시하도록 하고는 식사조차 주지 말라고 명령했다. 조왕에게 몰래 먹을 것을 주다가 발각되는 자는 즉시 처벌을 받았다. 조왕은 굶주린 채, 원한에 사무쳐 노래를 불렀다.

여씨가 권세를 잡으니 유씨의 운명은 위태롭도다

왕후를 협박하고, 나에게 아내를 억지로 주었네

그 아내가 질투하여 나를 팔아넘기니,

여자의 밀고가 나라를 어지럽히는데, 황제는 그것을 깨닫지 못하네

나에게는 충신도 없는가? 어찌 나를 버리고 갔는가?

차라리 황야에서 자결했다면, 하늘이 나의 정의를 밝혀주었을 텐데

아, 자결할 것을! 어찌 깨닫지 못했단 말인가!

왕이 굶어 죽어가는데도 인정을 베푸는 자가 없구나

하지만 여씨의 무도함을 하늘의 힘을 빌려 복수하리라.

정축일, 조왕은 감금된 상태에서 지켜보는 사람 하나 없이 죽었다. 유해는 평민의 예에 따라 장안의 민간 묘지에 매장되었다.

소제 홍 8년(기원전 180년) 3월, 여후는 파수에서 재앙을 없애는 제를 올리고 돌아오다가 장안 동쪽 교외에 있는 지도정을 지나게 되었다. 그때 짙푸른 개처럼 생긴 것이 나타나 여후의 옆구리를 무는가 싶더니 순식간에 사라졌다. 점을 치니 조왕 여의가 앙갚음을 하는 것이라는 신탁이 나왔다. 그때부터 여후는 옆구리의 통증 때문에 괴로워했다.

7월이 되자 여후의 병은 더욱 악화되었다. 죽음을 각오한 여

후는 여록을 상장군으로 임명하여 북군을 통솔하게 하고, 여산에게는 남군을 통솔하게 했다. 여후는 두 사람을 불러 놓고 훈계했다.

"고제는 천하를 평정하고 나서 유씨 이외의 사람이 왕이 되었을 때는 힘을 모아 토벌할 것을 중신들과 약속했다. 지금 우리 여씨가 왕이 되었다고는 하나 중신들이 마음속으로까지 복종하는 것은 아니다. 황제가 아직 어리므로, 내가 죽으면 중신들이 반드시 난을 일으킬 것이다. 정신 차리고 병력을 장악하여 궁중을 지켜야 한다. 장례를 치르는 데 정신을 빼앗겨 그들에게 틈을 보이면 안 된다."

그달 신사일에 여후는 세상을 떠났다. 유언대로 여러 왕에게는 천금을 하사하고, 장군·대신·열후와 관리들에게는 등급에 따라 금을 하사하는 동시에 전국에 대사면령을 내렸다. 그리고 여산을 상국으로 삼고, 여록의 딸을 왕후로 삼았다.

여씨의 최후

주허후朱虛侯 유장은 기백이 있고 과감한 사람이었다. 그의 아우는 동모후東牟侯 흥거였는데, 두 사람 모두 제나라 애왕의 아우로 장안에 살고 있었다. 이때 여씨 일족은 정권을 잡기 위해 음모를 꾸몄으나, 고조의 중신이었던 주발과 관영 등이 두려워 결단을 내리지 못하고 있었다.

주허후 유장의 아내가 여록의 딸인 관계로, 주허후는 여씨 일족의 음모를 미리 눈치 채고 있었다. 주허후는 그냥 있다가는 자신이 위험에 빠질 것이라 생각했다. 그래서 자신의 형인 제나라 왕에게 여씨의 동정을 알리고, 군대를 장안으로 출동시켜 여씨 일족을 죽인 뒤 제위에 오르도록 청했다. 주허후는 중신들과 짜고 궁궐 안에서 호응할 계획을 세웠다. 제왕은 제후들에게 격문을 보내 이렇게 알렸다.

"고제께서 천하를 통일하고 자식과 형제들을 왕으로 책봉하실 때, 부왕 도혜왕에게 제나라를 주었소. 도혜왕이 세상을 떠나자 혜제는 유후 장량의 건의에 의해 나를 제왕으로 삼았소. 혜제가 세상을 떠나자 여태후가 국정을 농단하기 시작했는데, 연로했음을 이유로 여씨 일족을 등용하고 멋대로 황제를 폐위하고 새 황제를 세웠소. 연이어 3명의 조왕을 죽이고 양·조·연 나라의 후계를 끊고 여씨 일족으로 바꾸었으며, 제나라를 4개의 나라로 분할했소. 충신이 간언을 해도 태후는 옳고 그름을 판단하지 못했고, 듣지 않았소.

지금 태후가 세상을 떠났으나 황제가 너무 어려 천하를 다스리지 못하고 있소. 당연히 중신과 제후가 황제를 보좌해야 하오. 그러나 여씨는 여전히 제멋대로 관직을 높이고 병사를 모아 위세를 과시하며, 여러 제후와 충신들을 위협하고 조정의 명령이라고 꾸며 천하를 호령하는 판국이오. 그래서 나는 군사를 이끌고 장안으로 올라가 왕의 자격도 없는 여씨 패거리를 토벌하려고 하오."

한나라 조정에서도 이 급보를 들었다. 상국 여산은 영음후潁陰侯 관영에게 군대를 주어 제나라를 공격하도록 했다. 그러나 관영은 형양에 도착하자, 막료들을 집합시킨 후 자신의 속마음을 털어놓았다.

"여씨 일족은 관중 땅에서 병권을 장악하고 있다. 그들은 유씨 일족을 쫓아내고 제위를 빼앗을 심사인 것이다. 지금 내가 제나라를 공격한다면 결국 여씨에게 협력하는 꼴이 되는 게 아닌가."

관영은 형양에 주둔하면서, 제나라 왕과 제후들에게 사신을 보내 함께 연합군을 결성하자고 제의했다. 그는 여씨 일족이 반란을 일으키기를 기다렸다가 일거에 토벌하자고 설득했다. 이 제안을 받은 제나라 왕은 제나라 서쪽 국경으로 군사를 후퇴시키고, 때가 오기만을 기다렸다.

한편 여록과 여산은 관중에서 반란을 일으킬 음모를 꾸미고 있었다. 그러나 강후와 주허후 등의 유씨 세력이 마음에 걸렸고, 제나라와 초나라의 군사력도 만만치 않았다. 게다가 제나라를 토벌하기 위해 출병시킨 관영이 배반하지 않을까도 두려웠다. 결국 그들은 관영이 제나라와 싸우는지를 지켜보며 기다렸다.

제천왕 태, 회양왕 무, 상산왕 조는 어린 황제의 이복동생이었고 노원왕은 여후의 외손자였는데, 모두 나이가 어렸으므로 영지로 부임하지 않은 채 장안에 머물러 있었다. 조왕 여록은 북군을 장악하고, 양왕 여산은 남군을 장악한 채 장안에 있었는데, 이들 모두 여씨 일족이라서 유씨 편의 제후와 대신들도 불

안에 떨고 있었다. 강후 주발이 태위太尉의 직책에 있으면서도

궁중에 들어가 군사를 통솔할 수 없는 상황이었다.

그런데 고조의 옛 신하인 곡주후 역상이 나이가 들어 병이 들었는데, 그의 아들 역기는 여록과 친했다. 주발은 승상 진평과 의논하여 역상을 인질로 잡고 그의 아들 역기를 이용하여 여록을 함정에 빠뜨리기로 했다. 역기가 여록을 만나서 말했다.

"고제가 여후와 함께 천하를 통일한 뒤 유씨 가문에서는 9명, 여씨 가문에서는 3명의 왕이 나왔습니다. 이것은 모두 중신들이 합의한 것으로, 그 뜻을 모든 제후에게 알리고 제후들도 승인했습니다. 지금 태후는 돌아가시고 황제는 아직 어리십니다. 이와 같은 때 귀하께서는 조왕이면서도 영지에 부임하지 않고, 상장군의 자리를 차지한 채 군부를 장악하고 있습니다. 그러니 중신과 제후에게 오해의 소리를 들어도 어쩔 수 없지요.

왜 귀하는 상장군의 인수를 돌려주고 군대를 태위에게 맡기지 않습니까? 그러면 제나라의 반란도 수습될 것이고 중신도 안심할 것입니다. 귀하께서도 마음 편히 왕 노릇을 할 수 있을 것이니, 이것이 모두에게 이득입니다."

여록은 그 말이 옳다고 생각하고는, 장군의 인수를 돌려줘서 군대를 태위에게 맡기려 했다. 그래서 즉시 사신을 보내 여산과 여씨 일족의 어른들에게 보고했다. 그러나 찬성하는 쪽과 반대하는 쪽이 반반이어서 결정이 나지 않았다.

여록은 역기와 서로 믿고 지내는 사이인 터라 함께 사냥을 나갔다. 사냥을 가는 도중에 숙모인 여수의 집에 들렀는데 여수는 몹시 화를 내며 꾸짖었다.

"장군이면서 군대를 버리다니 대체 어쩔 것이냐? 이제 우리 여씨 집안은 망했다!"

그러면서 진주와 옥, 패물을 꺼내 마당에 내팽개쳤다.

"어차피 다른 사람에게 빼앗길 텐데, 차라리 이렇게 버리는 것이 낫다!"

8월 경신일 아침, 어사대부 직무를 대행하고 있던 평양후 줄은 상국 여산을 만나 정사를 의논했다. 그때 제나라에 사신으로 갔던 낭중령郎中令 가수가 돌아와 여산을 보자마자 이렇게 나무랐다.

"왜 일찍 영지로 가지 않으셨소? 지금은 때가 늦었소. 다시 돌아갈 나라가 없소."

그는 관영이 제나라와 초나라와 연합해 여씨 일족을 토벌하려 한다는 사실을 자세히 알려주었다. 그리고 서둘러 궁중을 장악하라고 여산을 재촉했다. 이들의 대화를 엿들은 평양후는 재빨리 승상 진평과 태위 주발에게 달려갔다.

주발은 서둘러 북군 사령부로 들어가려 했으나, 보초가 그를 막아섰다. 그러나 부절을 관리하는 양평후 통이 직권을 이용해 부하에게 부절을 건네주고 황제의 명령이라고 속여 주발을 북군으로 들여보냈다. 주발은 역기를 불러 전객典客 유게와 함께 여록을 설득하게 했다.

"황제께서는 이제부터 태위에게 북군을 통솔하게 하시려 합니다. 그러니 귀하께서는 장군의 인수를 반환하고 영지로 떠나십시오. 그렇지 않으면 화를 당할 것입니다."

여록은 역기의 계략이라고는 생각지도 못하고 장군의 인수를 유게에게 넘겨주었다. 태위 주발은 사령관으로서 군문에 들어가 장병들에게 명령했다.

"여씨를 따를 자는 오른쪽 어깨를 벗고, 유씨를 따를 자는 왼쪽 어깨를 벗어라."

장병들은 모두 왼쪽 어깨를 벗어 유씨를 따를 것임을 나타냈다. 태위가 북군에 도착했을 때, 여록은 이미 상장군의 인수를 넘겨주고 떠난 뒤였다. 태위는 이렇게 북군을 장악했다. 그러나 남군은 아직 여씨의 손안에 있었다.

승상 진평은 즉시 주허후를 불러 태위를 보좌하게 했다. 태위 주발은 주허후에게 군문을 감시하게 하고, 위위에게 평양후 줄을 보내 이렇게 알렸다.

"상국 여산을 궁궐 문으로 들여보내지 마라."

여산은 이미 여록이 북군에서 퇴거한 것을 알지 못하고, 미앙궁에 들어가 반란을 일으키기로 결심했다. 그러나 궁궐 문에서 저지를 당하고 그 주위를 배회했다. 그런데 평양후는 싸움에서 이길 자신이 없었기 때문에 태위에게 달려가 상황을 보고했다.

태위 역시 여씨 일족과 정면으로 부딪치는 것을 불안해했다. 그래서 여씨 토벌을 공포하지 못하고 주허후를 궁중으로 들여

233

보내기 위해 "빨리 궁중으로 들어가 황제를 호위하라."고 명했
다. 이 명령에 응한 주허후가 호위병을 요청하자, 태위가 1천여
명의 호위병을 파견했다.

주허후는 미앙궁에 들어서서 궁중에 있는 여산을 발견했다.
저녁 무렵, 드디어 여산을 공격했지만 여산은 도망쳤다. 그러
나 때마침 강풍이 일어나 여산의 부대는 혼란에 빠져 저항하지
못했고, 주허후는 여산을 뒤쫓아가서 낭중부의 변소에서 죽
였다.

주허후가 여산을 죽였다는 소리를 들은 황제는 알자에게 부
절을 갖고 가서 주허후를 위로하게 했다. 주허후는 그 부절을
내놓으라고 했으나 알자가 주지 않았다. 그는 알자가 타고 있
는 마차에 올라타 부절을 휘두르며 장락궁으로 말을 몰아 위위
여갱시를 죽였다. 그리고 북군 사령부로 돌아와 자초지종을 태
위에게 보고했다. 태위는 벌떡 일어나 주허후에게 감사해하며
말했다.

"여산이 문제였는데 여갱시까지 죽였으니, 이제 천하가 태평
할 것이오."

그러고는 각처에 사람을 보내, 여씨 일족이라면 남녀노소에
상관없이 모두 죽였다. 신유일에는 여록을 붙잡아서 죽이고,
여수를 매질하여 죽였다. 또 명을 내려 연왕 여통을 주벌하고,
노왕 언을 폐위시켰다.

문제의 즉위

여씨 일족을 제거한 후 중신들은 비밀회의를 열었다.

"어린 황제와 제천왕·회양왕·상산왕은 모두 혜제의 친아들이 아니오. 여후가 간사하게 핏줄도 아닌데도 황제의 친자식으로 속인 것이오. 생모를 죽이고 후궁에서 기르며, 혜제에게 아들로 삼게 하고는 왕으로 삼았소. 모두가 여씨 일족의 세력을 강화하려는 여후의 술책이었소. 지금 우리는 여씨 일족을 뿌리째 뽑아버렸는데, 여씨가 세운 어린 황제나 제왕을 그대로 두는 것은 잘못이오. 그들이 성장해 권세를 휘두르면 우리 모두 죽게 될 것이오. 이 기회에 유씨 직계의 왕 가운데 가장 적당한 인물을 골라 그를 황제로 즉위시키는 것이 어떻겠소?"

그러자 한 중신이 이렇게 말했다.

"그렇다면 제왕이 어떻소? 제왕이라면 도혜왕의 정실 자식이며, 도혜왕은 알려져 있듯이 고제의 장자이니 자격은 충분하다고 봅니다."

그러나 중신들이 일제히 반대했다.

"여씨를 보시오. 여씨가 외척이란 신분을 악용했기 때문에 종묘사직을 위태롭게 했고, 유씨의 공신들에게도 해를 입혔소. 제왕의 외가는 사씨인데, 그 집안의 주인인 사균이란 자는 음흉한 인간이니, 제왕을 황제로 세우면 여씨 일족과 같은 꼴이 되고 말 것이오."

이어서 회남왕을 세우자는 말이 나왔으나 왕이 아직 나이가 어리고 외가 또한 평판이 좋지 않았다. 대화가 무르익어갈 즈음 한 사람이 말했다.

"그렇다면 대왕代王은 어떻소? 대왕은 살아 있는 고제의 친자식 가운데 가장 연장자이며, 인품 또한 관대하오. 외가인 박씨薄氏 가문도 조촐한 집안이오. 더구나 연장자를 황제로 세우는 것은 순리에도 합당하고 그의 효성은 천하가 알고 있으니 조건을 다 갖추고 있다고 생각되오."

의견은 일치했다. 중신들은 은밀히 사자를 보내 대왕代王을 초청했다. 그러나 대왕은 사양했다. 그 후 두 차례나 사신을 보낸 후에야 대왕은 마침내 여섯 말이 이끄는 수레를 타고 장안으로 향했다.

윤달 9월 말(기원전 180년) 기유일에 대왕은 장안에 도착하여 대왕의 관저로 들어갔다. 중신들은 모두 찾아가서 대왕을 알현한 후, 옥새를 바치고 황제로 추대했다. 대왕은 중신들의 간절한 요청에 못 이겨 결국 제위에 올랐다. 그가 곧 제5대 황제인 문제文帝다.

문제는 즉위하자, 여씨 일족을 멸하는 데 가장 큰 공로를 세운 주발을 최고 지위인 우승상에 앉히고 황금 5천 근과 함께 봉지 1만 호를 증봉했다. 그런데 한 달 남짓 지나자 어떤 사람이 주발에게 이렇게 경고했다.

"당신이 여씨 일족을 주멸하고 문제를 옹립했을 때 이미 위세를 다 떨쳤습니다. 게다가 막대한 포상도 받고 우승상의 지위까지 얻어 문제의 총애까지 받고 있는 것은 스스로 무덤을 파는 것과 같습니다. 이런 지위에 오래 머물다간 언제 재난을 당할지 모릅니다."

주발은 이런 경고를 듣고 고개를 끄덕였다. 주발은 문제에게 우승상의 인수印綬를 반환하겠노라고 청했고, 문제도 그 청을 허락했다. 그런데 1년쯤 지난 뒤, 승상 진평이 죽자 주발은 다시 승상으로 임명되었다. 그러나 10개월쯤 뒤 권고사직을 당하고 말았다.

"짐이 제후에게 각기 자신의 영지로 돌아가라고 명했는데도 어떤 이는 이행하지 않고 있소. 짐은 그대를 매우 소중히 여기

지만 솔선수범해서 영지로 돌아가 다른 제후에게 모범을 보이
시오.”

주발은 승상직을 그만두고, 자신의 영지 강현으로 돌아갔다.
그때부터 주발은 자신이 죽임을 당할까 봐 공포에 떨었다. 하
동군의 장관과 군사령관이 현을 순찰하다가 강현에 올 때마다,
문제가 자신을 주살하기 위해 보낸 것이 아닐까 하고 두려워했
다. 그래서 그는 갑옷과 투구로 무장하고, 가신들도 무장시킨
후 그들을 맞이했다. 1년 남짓 동안 이런 일이 여러 차례 되풀
이되자, 어떤 이가 주발을 반역 혐의로 고발했다.

문제는 이 사건을 정위에게 맡겼다. 정위는 주발을 체포하여
심문을 진행했다. 주발은 겁에 질려 변명조차 못했다. 고문이
심해졌을 때, 주발은 천근의 황금을 옥리에게 뇌물로 바쳤는데
뇌물이 효과가 있었다.

옥리는 조서 뒷면에다 '공주를 증인으로 세우시오.'라고 써보
였다. 공주는 문제의 딸이며, 주발의 장남 승지의 아내이기도
했다. 그런 까닭에 옥리는 공주를 증인으로 세우라고 가르쳐준
것이다.

이때 문제 주위에서도 주발을 석방하라는 움직임이 일어났
다. 그 전에 주발은 문제가 자신에게 증봉한 포상을 모조리 박
태후의 동생 박소에게 주었다. 주발이 옥에 갇혔다는 소식을 듣
자, 박소는 박태후에게 가서 구원을 청했다. 태후도 주발이 반
란을 일으킬 사람이 아니라고 여겼으므로, 문제가 문안을 왔을

때 관을 문제에게 집어 던지며 꾸짖었다.

"강후를 왜 가두었소? 그는 여씨 일족을 주멸했고 황제의 옥
새를 보관했으며 북군의 장군으로 있었소. 만일 그가 반란을 일
으키려고 했다면, 권세가 있던 그때 꾀했을 것이오. 그때도 반
역을 꾀하지 않았던 위인이 지금 작은 고을에 있으면서 어찌 반
역을 꾀할 수 있겠소?"

문제도 이미 주발의 공술서를 읽었기에 그에게 죄가 없다는
걸 알았으므로, 사죄하며 말했다.

"이번 일은 저의 불찰이었습니다. 옥리의 취조로 죄가 없다는
것이 드러났으니 즉시 석방하겠습니다."

문제는 곧 사자에게 부절符節을 보내 주발을 석방하고 영지
로 돌아가게 했다. 감옥에서 나온 뒤, 주발은 다음과 같이 술
회했다.

"나는 일찍이 백만 대군을 이끌었지만, 옥리 한 사람이 이렇
게 대단한 줄은 몰랐다."

강후 주발은 영지로 돌아갔다가 문제 11년(기원전 169년)에 죽
었다. 시호는 무후武侯이다.

· 5 ·

한漢나라의 골칫거리, 흉노

북부를 장악하다

  천하를 통일한 한나라에도 골칫거리가 있었으니 북방 오랑캐
인 흉노족이었다. 흉노족은 중국뿐 아니라 유럽에까지 진출한
강대한 세력을 갖추고 있었으며, 한나라 이전부터 끊임없이 중
원을 위협했다. 만리장성 또한 흉노족의 침략을 막기 위해 건
설된 것이니 흉노족이 얼마나 골칫거리였는지 알 수 있을 것
이다.

  그런 까닭에 《사기》에도 〈흉노열전〉이 수록되어 있는데, 다
른 이민족과는 비교도 할 수 없을 만큼 그 양도 많고 내용도 풍
부하다.

두만 선우_{頭曼單于}(선우는 흉노족의 왕을 가리킴)에게는 묵돌이라는 태자가 있었다. 그런데 두만 선우는 그 후 총애하는 왕비가 낳은 아들을 귀여워한 나머지, 묵돌을 폐하고 그 아들을 태자에 봉하려고 마음먹었다.

그래서 두만 선우는 묵돌을 서북쪽에 있는 월지국에 인질로 보냈다. 묵돌이 월지국에 인질로 사로잡혀 있는 동안 흉노는 월지국 공략에 나섰다. 그러자 화가 난 월지국에서는 인질인 묵돌을 살해하고자 했다. 하지만 이런 사실을 예견한 묵돌은 사전에 보아둔 명마를 훔쳐 타고 도망칠 수 있었다.

두만 선우는 뜻을 이루지는 못했으나 태자 묵돌을 재평가하여 기병 1만 명을 거느리는 장군으로 삼았다. 장군이 된 묵돌은, 쏘면 소리가 나는 화살인 적시를 만든 후 자신을 따르는 병사들에게 이 화살에 대한 훈련을 시켰다. 그렇게 훈련이 이루어지자 어느 날 사냥을 나가며 다음과 같은 명령을 내렸다.

"모두 들어라. 적시를 쏘아 맞히는 표적에 모두 활을 쏘아라. 따르지 않는 자는 베어 죽일 것이다."

그러고는 전군을 이끌고 사냥을 나갔다. 사냥터에서 묵돌은 적시로 새나 짐승을 쏘아 맞히고는 자기의 명을 따르지 않는 자는 목을 베었다. 그러던 어느 날 묵돌은 자기의 애마를 향해 적시를 쏘았다. 깜짝 놀란 부하들이 화살을 날리지 못하자 그 자리에서 목을 베어 죽였다.

어느 날 묵돌은 다시 자기의 애첩을 향해 적시를 쏘았는데,

부하 중에서 당황하면서 활을 날리지 못하는 자가 있었다. 묵돌은 그들 또한 베어 죽였다. 이렇게 되자 부하들은 묵돌이 목표로 하는 대상이 무엇이건 가차 없이 화살을 쏘게 되었다. 이만하면 되었다고 판단한 묵돌은 또다시 사냥을 나갔다. 묵돌은 사냥을 하던 도중 아버지 두만 선우의 애마를 쏘았다. 그러자 부하들은 하나도 빠짐없이 말을 향해 화살을 날렸다. 묵돌은 이로써 부하 전원이 자신의 명령을 따른다는 확신을 얻었다.

그 뒤에 그는 아버지 두만 선우를 따라 사냥을 갔다. 사냥 중에 묵돌은 아버지 두만 선우를 향해 적시를 날렸다. 부하들도 적시가 날아간 곳을 향해 일제히 화살을 날려 두만 선우를 죽였다. 사냥터에서 돌아온 묵돌은 계모와 이복형제, 그리고 자기에게 복종하지 않는 중신들을 모두 죽였다. 이렇게 하여 묵돌은 스스로 선우의 지위에 올랐다.

묵돌이 선우 자리에 올랐을 당시, 동방에서는 동호東胡가 강한 세력을 자랑하고 있었다. 묵돌이 아버지 두만을 죽이고 스스로 왕위에 올랐다는 소식이 동호왕의 귀에까지 들어갔다. 동호왕은 사자를 보내 두만 선우가 타던 천리마를 내놓으라고 위협했다. 이에 묵돌은 신하들과 논의했다. 그러자 신하들은 모두 이렇게 말했다.

"천리마는 우리 흉노의 보배입니다. 내놓으시면 안 됩니다."

그러나 묵돌은 이렇게 말했다.

"한 마리 말을 아끼자고 이웃 나라와의 우의를 저버릴 수 없다."

묵돌은 천리마를 동호에게 주었다. 묵돌이 자신들을 두려워한다고 판단한 동호는 얼마 후 다시 사자를 보냈다. 이번에는 왕비 가운데 한 사람을 내놓으라고 위협했다. 묵돌이 신하들과 논의하자, 신하들은 모두 화를 내며 말했다.

"왕비를 달라니, 이제 더는 동호의 무도함을 참을 수 없습니다. 부디 공격 명령을 내려주십시오."

그러자 그때도 묵돌은 이렇게 말하는 것이었다.

"여자 하나를 아끼기 위해 이웃 나라와의 우의를 저버릴 수 없다."

묵돌은 총애하는 왕비 한 사람을 동호에게 보냈다. 동호왕은 더욱 교만해져서 마침내 흉노의 국경을 유린하기 시작했다. 흉노와 동호 사이에는 버려진 황무지가 천여 리에 걸쳐 있었다. 그곳을 경계로 하여 두 나라는 각각 경계를 하고 있었는데, 동호는 이 황무지를 소유하고자 묵돌에게 사자를 보내 이렇게 전했다.

"귀국과 우리나라의 경계가 되는 황무지는 귀국은 사용하지 않는 땅이오. 그러니 이 황무지는 우리가 소유하겠소."

묵돌은 또다시 신하들과 의논했다. 그러자 몇몇 신하가 말했다.

"어차피 그곳은 쓸모없는 땅입니다. 주고 화친을 맺는 것이 좋을 것입니다."

그 말을 들은 묵돌은 불같이 화를 냈다.

"땅은 국가의 근본이다. 한 치의 땅도 동호에게 줄 수는 없다."

묵돌은 땅을 줘도 좋다고 말한 자를 모두 베어 죽인 다음 말에 올라 명령했다.

"지금부터 동호를 토벌하기 위해 출진한다. 뒤늦게 출전하는 자는 가차 없이 목을 베겠다."

그러고는 즉각 동쪽으로 군대를 진격시켜 동호를 습격했다. 동호는 처음부터 묵돌을 업신여기고 있었으므로, 아무런 방비도 하지 않고 있었다. 묵돌은 단숨에 동호를 격파하여 왕을 죽이고, 주민을 포로로 잡았으며, 가축을 노획했다.

묵돌은 동호를 쳐부수고는 서쪽으로 진격하여 월지마저 공략했다. 또한 남쪽으로는 오르도스의 누번왕樓煩王과 백양왕白羊王의 토지를 병합했으니 진나라 장군 몽염에게 빼앗겼던 흉노의 영토를 모두 되찾은 것이다.

그 후에도 정복 활동을 그치지 않고 연나라와 대나라에도 침입했다. 그 무렵 흉노족은 활에 능한 병사가 30만 명에 이를 정도로 강력한 군사력을 보유하게 되었다. 또한 전쟁을 할 때는 달이 차면 공격하고, 달이 기울면 후퇴했다. 공을 세운 자와 적을 사로잡은 자에게는 상을 내렸고, 전리품은 그것을 빼앗은 자에게 주었다. 포로 또한 그를 사로잡은 자에게 노예로 주었다. 그러자 모두들 자신의 이익을 위해 용감히 싸웠는데, 특히 적을 유인해 일망타진하는 전법에 뛰어났다.

　한편 전사자의 시신을 거두어 돌아온 자에게는 죽은 자의 재산을 주었다. 그렇게 강대한 군사력을 바탕으로 묵돌은 북쪽의 혼유, 굴야, 정령, 격곤, 신려 등 여러 나라를 정복할 수 있었다. 그러자 흉노의 귀족과 중신들은 모두 묵돌을 뛰어난 군주로 받들게 되었다.

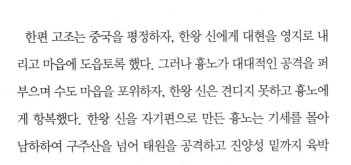

한나라 조정을 희롱하다

한편 고조는 중국을 평정하자, 한왕 신에게 대현을 영지로 내리고 마읍에 도읍토록 했다. 그러나 흉노가 대대적인 공격을 퍼부으며 수도 마읍을 포위하자, 한왕 신은 견디지 못하고 흉노에게 항복했다. 한왕 신을 자기편으로 만든 흉노는 기세를 몰아 남하하여 구주산을 넘어 태원을 공격하고 진양성 밑까지 육박해왔다.

한나라 고조는 토벌군을 직접 이끌고 흉노 정벌에 나서기로 하고 전선으로 향했다. 마침 그때는 겨울이어서 춥고 눈이 내려, 한나라 병사들 중 동상에 걸려 손가락을 잃은 사람이 열에 두세 명은 되었다.

묵돌은 이 기회를 노려 거짓으로 달아나는 척하여 한나라 군대를 북쪽으로 유인했다. 역시나 한나라 군대는 묵돌을 추격해 왔다. 묵돌은 정예군대를 숨겨두고 약한 병사들을 방패로 배치했다. 한나라는 보병 32만 명을 이끌고 추격을 계속했다.

고조는 선두에 서서 평성에 도착했다. 그러나 너무 서둘렀기 때문에 대열이 늘어져 후속 보병 부대는 저 멀리 후방에 처져 있었다. 묵돌은 이 틈을 이용해 정예병사 40만 명을 이끌고 고조가 이끄는 선두 부대를 백등산에서 7일간 포위했다. 한나라 군대는 포위망 속에서 7일 동안 고립무원의 상태로 있었다. 흉노의 포위망이 강력해 후속 부대는 구출에 나서지도 못했고, 식량을 보급할 수도 없었다.

보통의 작전으로는 탈출할 수 없다고 여긴 고조는 묵돌의 후비后妃에게 밀사를 보내 선물 공세를 폈다. 그러자 효과가 즉시 나타났다. 후비는 묵돌에게 이렇게 말했다.

"이웃한 나라의 군주끼리는 서로 고난을 주고받아서는 안 됩니다. 지금 한나라를 이겨서 한나라 영토를 모두 얻는다고 해도 그곳은 당신께서 살 만한 곳이 아닙니다. 더구나 한나라 왕은 하늘의 도움을 받고 있다고 하니, 부디 살펴 결정하십시오."

묵돌은 합류하기로 했던 한왕 신의 장군 왕황과 조리가 약속한 날짜에 오지 않자, 그들이 한나라와 내통한 것이 아닌가 의심하고 있었다. 그래서 후비의 진언을 받아들여 한쪽의 포위망을 풀어주었다. 그러자 고조는 전군에 명령했다.

"화살을 겨누고 활시위를 힘껏 당겨라."

고조는 화살 끝을 흉노에게 겨누게 하고는 포위가 풀린 곳으로 탈출히어 한나라 대군과 합류했다. 묵돌은 규대를 거느리고 북쪽으로 돌아갔고 고조도 군대를 이끌고 철수했다. 드디어 고조는 유경을 사자로 보내 흉노와 화친의 맹약을 맺었다. 그러나 화친 협정은 지켜지지 않았다.

한왕 신은 흉노의 장군이 되었고, 부하인 조리, 왕황과 더불어 화친 맹약을 무시하고 종종 대와 운중으로 침입하여 도적질을 일삼았다. 얼마 뒤에는 한나라의 장군 진희가 흉노로 들어가 한왕 신과 내통하여 대를 공격했다.

한나라는 장군 번쾌를 보내 대·안문·운중의 여러 군현을 탈환하기는 했지만 요새 밖까지 토벌하러 나갈 수는 없었다. 그 후에도 변경의 요새로 파견된 한나라 장군이 부하들을 이끌고 흉노에게 투항하는 일이 많았다. 그러자 묵돌은 대 땅 각지를 유린하며 한을 괴롭혔다.

고조는 어쩔 수 없이 흉노에 대해 회유책을 쓰기 시작했다. 유경을 사자로 세워 황족의 딸을 공주라고 속여서 선우에게 보내고, 해마다 일정량의 솜·비단·술·쌀·양식을 보내기로 하며, 형제의 나라가 될 것을 약속했다.

그러자 묵돌은 한나라에 대한 침략을 잠시 멈추었으나, 이번에는 연나라 왕 노관盧綰이 한나라를 배반하고 부하 수천 명을 거느린 채 흉노에 투항해 상곡군上谷郡 동쪽 주민을 괴롭히기 시작했다.

고조가 죽고 혜제와 여태후의 시대가 되자, 한나라는 비로소 안정을 되찾았으나 흉노는 여전히 한나라를 멸시했다. 어느 날 묵돌이 여태후에게 다음과 같은 편지를 보내 희롱했다.

'의지할 곳 없는 나는 늪 속에서 태어나 평야의 소와 말이 사는 지역에서 자랐다. 그래서 이따금 국경으로 가서 중화의 땅에서 놀기를 원한다. 폐하도 혼자 몸이요, 나 또한 혼자 몸이다. 두 임금이 즐겁지 못하니, 스스로 즐거움을 찾으리라. 원컨대 내가 가진 것으로 그대의 없는 곳을 채우리라.'

몹시 노한 여태후는 당장에 흉노를 공격하려 했다. 그러자 여러 장수들이 만류하며 말했다.

"고제조차도 평성에서 곤욕을 치르셨습니다."

여태후는 공격을 그만두기로 하고 회유책을 계속했다.

문제가 즉위하자 다시 흉노와 화친 조약을 맺었다. 그런데 문제 3년(기원전 177년) 5월, 흉노의 우현왕이 오르도스를 공격하고 한나라에 귀속하여, 변경을 수비하는 만족과 인근 백성을 죽이고 약탈해갔다.

이에 문제는 승상 관영에게 흉노 토벌을 명했다. 관영은 전차대와 기마대 8만5천 명을 동원하여 고노에 주둔하고 있던 우현왕을 요새 밖으로 몰아냈다. 그런데 문제가 태원에 행차한 틈을 노려 제북왕濟北王 흥거가 반란을 일으켰다. 문제는 급히 수도로 돌아가고, 관영의 흉노 토벌도 중단되고 말았다. 이듬해 묵돌

선우가 다음과 같은 글을 보내왔다.

'하늘이 세운, 흉노의 대선우가 정중히 무안하오니 황제께서는 평안하신가? 일찍이 황제께서 화친을 요청했을 때, 그 글의 취지가 마음에 들어 화친을 맺었다. 그런데 한나라의 국경 수비대가 우리 우현왕의 영지를 침범해 모욕을 주었다. 그러자 우현왕은 나에게 알리지도 않고 휘하의 장군 후의와 노후, 난씨 등의 계책을 받아들여 한나라의 수비대와 전투를 벌였다. 이들은 두 나라 군주가 맺은 맹약을 어기고 형제국의 우의를 저버렸다. 이 사건을 문책하는 황제의 서신을 두 차례나 받았으므로 나는 사자를 보내 회답했다. 그런데 우리의 사자는 귀국에 간 채 돌아오지 않았고, 한나라에서도 사자가 오지 않았다. 그 뒤 양국은 화친 관계를 끊은 채 오늘에 이르렀다.

원래 한나라의 수비대가 약조를 깨뜨렸기 때문에 벌어진 사건이긴 하지만, 나는 우현왕에게 그 벌로 서쪽으로 가서 월지를 토벌하라고 명했다. 우리 군대는 하늘의 가호와 정예병과 강력한 말을 이용해 월지를 전멸시켰고, 누란·오손·호게 및 그 주변의 26개국을 평정하여 모조리 병합했다. 활을 다룰 수 있는 모든 민족은 완전히 통합되었으니, 북쪽은 평정되었다. 나의 희망은 싸움을 멈추고, 병사와 말을 쉬게 하며, 지금까지의 원한은 씻어버리고 화친 조약을 회복하는 것이다. 그렇게 함으로써 옛날처럼 변경의 백성을 안심시키고, 어린아이가 건강히 자라게 하고, 노인은 안락을 누리며 살 수 있는 천하를 이룩하여 자손에게 물려주고 싶다.

나는 황제의 승인을 얻고자 낭중郎中 계우천을 보내 이 서한을 바치고, 낙타 한 마리와 승마 2필, 마필 8두를 헌상하는 바이다. 만일 황제께서 우리 흉노군이 한나라 국경에 접근하는 것을 원치 않는다면 조서를 내려 수비대나 백성을 국경에서 멀리 떨어져 살도록 해주기를 원한다. 나의 사자가 무사히 도착했을 경우, 6월 중으로 돌려보내기 바란다.'

이 편지를 읽은 한나라 조정에서는 화친과 전쟁 중 어느 것이 유리한가를 논의했다. 중신들은 모두 이렇게 말했다.

"선우는 월지를 쳐부수고 지금 승세를 타고 있어 공격하면 안 됩니다. 더우나 흉노의 영토를 차지하더라도 그 불모지에 한나라 백성을 이주시킬 수도 없습니다. 선우의 청을 받아들여 화친하는 편이 최상입니다."

이렇게 하여 한나라는 화친을 받아들였다.

한나라의 근심거리, 중행렬

얼마 뒤 묵돌이 세상을 떠나자, 그의 아들 계육이 즉위하여 노상老上 선우라고 칭했다. 노상 선우가 즉위하자, 문제는 고조의 전례에 따라 황족의 딸을 공주로 속여서 짝으로 삼게 하고, 연나라 출신의 환관 중행렬에게 공주와 동행할 것을 명했다. 중행렬은 흉노로 가는 것이 꺼림칙해 임무를 사양했지만 허락되지 않았다. 그러자 중행렬은 이런 말을 남기고 흉노로 향했다.

"강제로 나를 보낸다면 반드시 한나라의 화근이 될 것이다."

흉노에 가자, 중행렬은 다짐한 대로 선우에게 귀순하고 곧바로 선우의 측근으로 돌아섰다. 흉노족들은 그전부터 한나라의 비단, 면, 음식 등을 좋아했다. 이에 중행열은 선우에게 이렇게 말했다.

"흉노는 인구로 본다면 한나라의 군 하나에도 미치지 못합니다. 그러면서도 한나라에 힘을 자랑할 수 있는 까닭은 의식과 풍습이 달라서 한나라에 의존할 필요가 없기 때문입니다. 그런데 지금 선우께서는 흉노의 풍속을 버리고 한나라의 물자를 즐기고 있습니다. 이보다 더 위험한 것은 없습니다. 흉노가 한나라 물자의 2할만 소비해도 흉노는 모두 한나라에 귀속되고 말 것입니다. 미리 대책을 마련해야 합니다.

제 생각으로는, 한나라의 비단이나 면으로 된 옷을 입혀 가시덤불을 달리게 하는 것이 좋을 듯합니다. 그렇게 하면 옷은 모두 찢어져버릴 것이고, 백성들은 털옷과 가죽옷이 얼마나 훌륭한지 잘 알게 될 것입니다. 또 한나라의 음식을 모두 버리시고, 흉노의 유제품이 얼마나 편리하고 맛이 좋은가를 보이십시오."

그러고 나서 중행열은 선우의 신하들에게 흉노의 인구와 가축 수를 상세히 헤아려 통계를 내게 했다. 또한 중행열은 한나라에 보내는 편지의 양식을 고치게 했다. 한나라에서 선우에게 편지를 보낼 때는 한 자 한 치 크기의 두루마리가 사용되었다. 그리고 편지의 첫머리는 이렇게 시작되었다.

'황제는 삼가 흉노의 대선우에게 문안하노니, 편안하신가? 보내는 물건은 ……이고, 용건은 ……이다.'

이렇게 안부를 묻고 보내는 물건과 용건을 적는 것이 통례였다. 그러나 중행열은 선우가 한나라에 편지를 보낼 때 한 자 두 치 크기의 두루마리를 사용하게 했으며, 봉인도 한나라보다 크게 했다. 문구도 오만한 태도로 쓰게 했다.

'천지가 낳으시고, 일월이 세우신 흉노의 대선우는 삼가 한나라 황제에게 문안하노라. 편안하신가? 보내는 물건은 ……이고, 용건은 ……이다.'

언젠가 한나라의 사자가 이렇게 말하는 것이었다.

"흉노는 노인을 천대하는 풍속이 있다."

그러자 중행열은 한나라 사자에게 눈을 크게 부라리며 꾸짖었다.

"너희 한나라 풍습에도 젊은이가 변경 수비를 위해 종군하러 떠날 때, 늙은 부모가 자기를 희생하고 따뜻한 옷을 주고 맛있는 음식을 주지 않는가?"

"그렇다. 그건 부모로서 당연한 일이다."

"그것이 당연하다면 흉노가 노인을 천대한다는 말을 어찌 할 수 있는가? 흉노는 전투를 하지 않고는 살아갈 수가 없는 민족이다. 늙고 약한 사람은 싸울 수가 없다. 늙고 약한 자가 건장한 젊은이에게 좋은 음식을 양보하는 것은 결국 자기 몸을 지키기 위함이다. 그렇게 해서 부자가 서로 오래도록 살아갈 수가 있는 것이다."

"하지만 흉노는 아버지와 아들이 같은 막사에서 살며, 아버지가 죽으면 아들이 계모를 아내로 삼고, 형제가 죽으면 남은 형제가 미망인을 자기 아내로 삼는다. 더구나 흉노는 의관도 없고 조정의 의례도 없다."

중행렬은 웃으며 말했다.

"한나라의 사자여, 흉노의 풍습을 모른다면 가르쳐주겠다. 흉노의 생계는 모두 축산으로 이루어진다. 사람들은 가축의 고기를 먹고, 그 젖을 마시고 그 가죽으로 옷을 지어 입는다. 가축에게 필요한 풀과 물을 구해 철마다 옮겨 다닌다. 그래서 흉노는 언제 전쟁이 일어나도 말 타기와 활쏘기가 훈련되어 있고, 평상시에는 편안한 생활을 한다. 법규는 간편하여 실행하기 쉽고, 군주와 신하의 관계도 간단하여 한 나라가 마치 한 몸처럼 움직이는 것이다.

아버지, 아들, 형, 동생이 죽으면 남아 있는 자가 그들의 아내를 자기 처로 삼는 것은 종족의 전멸을 막기 위해서이다. 그래서 흉노는 언뜻 보기에는 문란해 보이지만 핏줄이 이어지는 것이다. 지금 중국에서는 계모와 형제의 아내를 맞아들이지는 않지만 그 때문에 친척 관계가 점차 멀어져 나중에는 서로 싸우고 죽이기도 한다. 혁명이 일어나면 황제의 성이 바뀌는 것은 모두 이런 이유에서 생긴 것이다. 예의라는 것도 지금에 와서는 나쁜 풍습으로 변질되었다. 윗사람과 아랫사람이 서로 원망하면서

257

도 예의만 쫓아 궁실과 가옥을 화려하게 꾸미다보면, 생산할 힘을 다 소모하게 된다.

흉노리는 밭을 갈고 누에를 쳐서 옷과 음식을 구하고, 성벽을 쌓아서 방어하기 때문에 전쟁이 일어나면 백성들은 싸움에 서투르고, 평상시에는 생업에 쫓겨 잠시도 여유가 없다. 흙집에 사는 불쌍한 한나라 사람이여, 자기 나라의 실정을 알았다면 이제부터는 공연히 아는 척하지 마라. 그대는 아까 의관에 대해 말했지만 그것이야말로 아무 짝에도 쓸모가 없는 것이다."

이런 일이 있은 뒤, 중행열은 한나라 사자가 무슨 말을 하려고 하면 듣기도 싫다는 듯이 이렇게 일축했다.

"한나라 사자여, 쓸데없는 소리 하지 마라. 한나라가 흉노에게 보내는 비단과 면, 쌀, 누룩의 수량이 정확히 맞고 품질이 좋으면 그만이다. 양과 질이 두루 완전하면 무슨 말이 더 필요한가? 만약 수량이 모자라거나 품질이 나쁘면 가을 수확기를 기다렸다가 기마대를 보내 당신네 농작물을 짓밟을 것이다."

그러고는 선우를 밤낮으로 부추겨 한나라를 침략할 틈을 노리게 했다. 문제 14년, 흉노의 선우가 기병 14만 명을 거느리고 침입하여 많은 백성들과 가축을 사로잡아갔다. 흉노의 척후병은 옹 땅에 있는 감천궁까지 잠입하여 장안을 탐색했다. 문제는 급히 전차 1천 대, 기병 10만 명을 동원하여 장안 부근에 진을 치고 흉노의 침략에 대비했다. 그리고 계속 전차와 기병을 보내 흉노와 싸우게 했다.

선우는 한 달 남짓 한나라 영토에서 머물다가 요새 밖으로 철수했다. 한나라 군사가 흉노를 추격했으나 아무런 전과 없이 돌아왔다. 흉노는 이 사건이 있은 뒤부터 더욱 한나라를 무시하고 해마다 국경을 넘어 쳐들어와 많은 백성들을 사로잡고 가축과 물건을 약탈했다. 이렇게 중행열은 한나라와 흉노의 화친을 끊게 하고, 자신이 말한 대로 '한나라의 화근'이 되었다.

중행열은 노상 선우가 죽은 뒤 그 아들 군신軍臣 선우를 섬겼다. 그 사이에도 한나라와 흉노는 전쟁과 화친을 되풀이했는데, 한나라는 항상 수세에 몰려 있었다.

마읍의 책략,
실패로 돌아가다

　무제가 즉위한 후 흉노와의 화친책을 보다 분명히 했다. 흉노의 사신은 후대했고 관문에서는 교역에 힘을 기울여 한나라 물품을 흉노에게 어려움 없이 공급했다. 흉노도 선우 이하 모두가 한나라와의 화친을 주장했으며, 장성 부근에서 왕래가 크게 증가했다.

　그러나 한나라가 펼친 화친책의 이면에는 흉노를 토벌할 책략이 숨겨져 있었다. 마읍의 호족 가운데 한 사람인 섭옹을 흉노에게 들여보냈다. 섭옹은 밀수를 통해 흉노와 교역을 하고, 흉노와 친교를 맺은 후 선우에게 접근하여 마읍을 넘겨주겠다고 제안했다. 이 말을 믿은 선우는 마읍의 풍부한 물산을 탐내

10만 기병을 거느리고 무주에 침입했다.

한나라는 마읍 근처에 30여 만의 대군을 매복시키고는 어사대부 한안국을 호군護軍 장군으로 삼아, 휘하에 4명의 장군을 지휘하게 했다. 이렇게 사전 준비를 완벽히 하고 선우를 기다렸다.

아무것도 모르는 선우는 마읍을 향해 단숨에 진군해 마읍에서 백여 리쯤 떨어진 곳에 도착했다. 그러나 들에는 가축만 떼를 지어 있을 뿐, 가축을 지키는 사람은 하나도 보이지 않았다. 이를 수상하게 여긴 선우는 방향을 돌려 근처의 보루를 습격했다.

때마침 보루에는 변경의 요새를 순시하던 안문군의 위사尉史가 선우의 부대가 쳐들어오는 것을 보고 수비하던 중이었다. 선우가 칼로 위사를 위협하자, 그는 한나라 군의 계략을 모두 실토했다.

"역시 그랬구나."

선우는 몹시 놀라면서도 안도의 한숨을 내쉬었다. 그는 서둘러 군사를 요새 밖으로 철수키면서 위사에게 말했다.

"내가 너를 잡은 것은 천운이다. 하늘이 네 입을 통해 알려준 것이다."

그리고 위사를 왕으로 등용하여, 천왕天王이라고 칭했다. 한나라 군대는 선우가 마읍으로 들어오면 일제히 습격할 계획이었으나 선우가 오지 않아 아무런 전과를 얻지 못했다.

대 땅에서 출동해 흉노의 경기병 부대를 공격하기로 계획했
던 한나라 왕회의 부대는 선우가 전군을 이끌고 퇴각했다는 보
고를 듣자, 출동하지 않았다. 결국 왕회 장군은 이 작전을 세
운 당사자였음에도 출동조차 하지 않았다고 해서 참형에 처
해졌다.

마읍 사건으로 인해 흉노는 한나라와의 우호 관계를 끊고 한
나라 변경을 마구 습격했다. 한나라 변경에 침입하여 약탈하
는 사건은 헤아릴 수 없이 많았다. 그런데도 교역만은 계속되었
다. 흉노는 여전히 한나라의 물품을 좋아했고, 한나라도 교역
을 통해 흉노를 회유하려고 했다.

마읍 사건이 있은 지 5년이 지난 해 가을, 한나라는 위청·공
손하·공손오·이광 네 장군에게 각각 1만 기병을 이끌고 가서
교역장 근처의 흉노를 공격케 했다. 그러나 군사의 손실에 비해
전과는 보잘 것이 없었다. 위청 장군만이 상곡에서 출격하여 농
성에서 흉노의 수급과 포로를 합쳐 7백을 얻은 정도였다.

공손하는 운중에서 출격하여 별다른 전과 없이 철수했으며,
대에서 출격한 공손오는 흉노에게 패하여 7천여 명을 잃었다.
안문에서 출격한 이광 또한 흉노에게 패하여 그들에게 사로잡
혔다가 탈출하여 돌아왔다. 한나라는 공손오와 이광을 옥에 가
두었는데, 그들은 속죄금을 물고 풀려나 평민 신분으로 떨어지
고 말았다.

그 해 겨울, 흉노는 한나라의 변경에 자주 침입하여 약탈을 일삼았다. 한나라에서는 어양이 가장 큰 피해를 입었는데, 장군 한안국을 주둔시켜서 흉노에 대비했다. 그 후 얼마간 흉노는 조용했다.

그러나 다음해 가을, 흉노의 기병 2만이 침입하여 요서의 태수를 살해하고 2천여 명을 포로로 잡아갔다. 게다가 어양의 태수 수하에 있던 군사 1천여 명을 진압하고, 한나라 장군 한안국의 군대를 포위했다. 한안국의 병력은 기병 1천여 기에 지나지 않아 전멸 위기에 놓였다. 다행히 간발의 차로 연나라에서 구원군이 도착해 흉노를 몰아낼 수 있었다.

흉노는 또다시 안문에 침입하여 1천여 명을 살해하고 약탈을 일삼았다. 그래서 한나라에서는 장군 위청에게 3만 기병을 주어 안문에서 출격하게 하고, 이식에게는 대군에서 출격하게 했다. 그들은 흉노를 쳐서 흉노의 수급과 포로 수천 명을 얻는 전과를 올렸다.

위청 장군은 이듬해에도 운중에서 흉노 토벌에 나섰다. 그는 서쪽으로 진격하여 농서에 이르러 수천 명의 흉노를 참수하고 생포하였으며, 소와 양을 1백여 만 마리나 얻는 전과를 올렸다. 또 흉노의 백양왕과 누번왕을 격파하여 그 둘은 도주하고 말았다.

한나라는 드디어 오로도스를 점령하여 그곳에 삭방군朔方郡을 설치하고, 옛날 진나라 때 몽염이 구축했던 요새를 다시 수

복하고는 황하 연안으로 방비를 굳건히 했다. 그러나 한편으로
는 흉노 땅으로 깊이 침투해 있던 상곡군, 시벽현, 조양 땅을
흉노에게 넘겨주고 말았다. 이때가 한나라 원삭元朔 2년(기원전
127년)이었다.

:: 춘추시대 형세도 ::

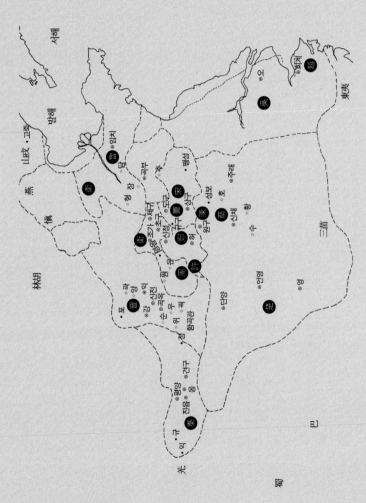

● 나라의 수도
◉ 봉국(封國)
◦ 주요도시
----- 경계선

:: 전국시대 7웅의 형세 ::

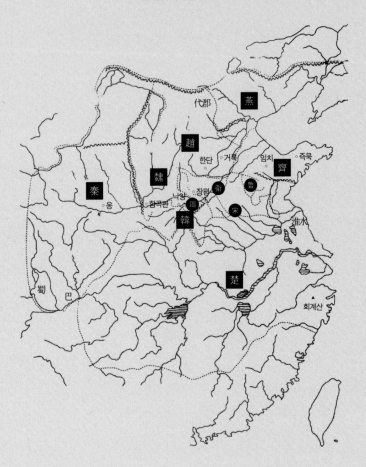

• 삼황三皇 시대

수인燧人 – 태호복희太昊伏犧 – 여희씨女希氏 – 염제신농씨炎帝神農氏 – – – – – – – –

• 오제五帝시대

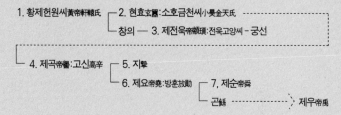

1. 황제헌원씨黃帝軒轅氏 ┌ 2. 현효玄囂:소호금천씨小昊金天氏 ┄┄┄┄┄┄┄
                    └ 창의 ─ 3. 제전욱帝顓頊:전욱고양씨 – 궁선 ┄┄┄┄┄┄

┄ 4. 제곡帝嚳:고신高辛 ─ 5. 지摯
                      └ 6. 제요帝堯:방훈放勛 ┌ 7, 제순帝舜
                                          └ 곤鯀 ┄┄┄┄┄┄ ⟩ 제우帝禹

• 하夏

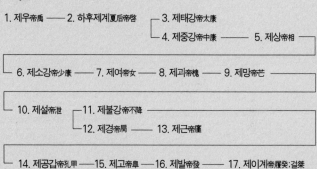

1. 제우帝禹 ─── 2. 하후제계夏后帝啓 ┌ 3. 제태강帝太康
                                └ 4. 제중강帝中康 ─── 5. 제상帝相 ┐

└ 6. 제소강帝少康 ─── 7. 제여帝女 ─── 8. 제괴帝槐 ─── 9. 제망帝芒 ┐

└ 10. 제설帝泄 ┌ 11. 제불강帝不降 ┐
             └ 12. 제경帝扃 ─── 13. 제근帝廑 ┐

└ 14. 제공갑帝孔甲 ─── 15. 제고帝皋 ─── 16. 제발帝發 ─── 17. 제이겨帝履癸:걸桀

• 은殷

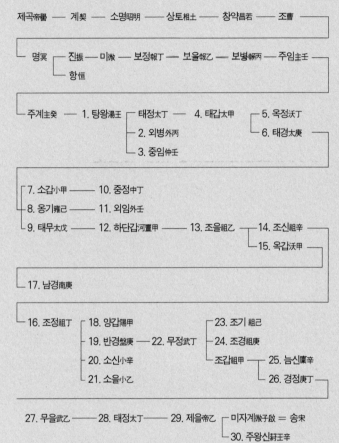

제곡帝嚳 ─ 계契 ─ 소명昭明 ─ 상토相土 ─ 창약昌若 ─ 조曹 ─

─ 명冥 ─ 진振 ─ 미微 ─ 보정報丁 ─ 보을報乙 ─ 보병報丙 ─ 주임主壬
    └ 항恒

─ 주계主癸 ─ 1. 탕왕湯王 ┬ 태정太丁 ─ 4. 태갑太甲 ─ 5. 옥정沃丁
                        ├ 2. 외병外丙   └ 6. 태경大庚
                        └ 3. 중임仲壬

┌ 7. 소갑小甲 ─ 10. 중정中丁
├ 8. 옹기雍己 ─ 11. 외임外壬
└ 9. 태무太戊 ─ 12. 하단갑河亶甲 ─ 13. 조을祖乙 ┬ 14. 조신祖辛
                                              └ 15. 옥갑沃甲

└ 17. 남경南庚

─ 16. 조정祖丁 ┬ 18. 양갑陽甲   ┌ 23. 조기祖己
              ├ 19. 반경盤庚 ─ 22. 무정武丁 ├ 24. 조경祖庚
              ├ 20. 소신小辛   └ 조갑祖甲 ┬ 25. 늠신廩辛
              └ 21. 소을小乙   └ 26. 경정庚丁

27. 무을武乙 ─ 28. 태정太丁 ─ 29. 제을帝乙 ┬ 미자계微子啟 = 송宋
                                          └ 30. 주왕신紂王辛

268

고공단보古公亶父: 太王 ─┬─ 태백 太伯 : 오吳

우중 虞仲

└─ 계력季历 ── 서백창 西伯昌 : 大王 ──┐

1. 무왕발武王發 ── 2. 성왕송成王誦 ── 3. 강왕교康王釗 ─┐

주공단周公旦 노魯 ── 당숙우唐叔虞 진晉

소공석召公奭 연燕

숙진탁叔振鐸 조曹 ── 4. 소왕하昭王瑕 ── 5. 목왕만穆王滿 ─┐

강숙康叔 위衛

숙선叔鮮 관管 ── 6. 공왕예호恭王穈扈 ─┐

숙도叔度 채蔡 ── 8. 효왕벽방孝王辟方

7. 의왕간懿王艱 ── 9. 이왕섭夷王燮 ── 10. 여왕호厲王胡 ── 11. 선왕정宣王靜 ─┐

12. 유왕궁황幽王宮湦 ── 13. 평왕의구平王宜臼 ── 14. 환왕림桓王林 ─┐

15. 장왕타莊王佗 ── 16. 이왕호제釐王胡齊 ── 17. 혜왕랑惠王閬 ─┐

18. 양왕정襄王鄭 ── 19. 경왕임신頃王壬臣 ── 20. 광왕반匡王班
                                         └─ 21. 정왕유定王瑜 ─┐

22. 간왕이簡王夷 ── 23. 영왕설심靈王泄心 ── 24. 경왕귀景王貴 ─┐

┌─ 25. 도왕맹悼王猛
└─ 26. 경왕개敬王丐 ── 27. 원왕인元王仁 ── 28. 정정왕개貞定王介 ─┐

┌─ 29. 애왕거질哀王去疾
├─ 30. 사왕숙思王叔
└─ 31. 고왕외考王嵬 ── 32. 위열왕오威烈王午 ── 33. 안왕교安王驕 ─┐

┌─ 34. 열왕희烈王喜
└─ 35. 현왕편顯王扁 ── 36. 신정왕정愼靚王定 ── 37. 난왕연赧王延

• 노(魯)

1. 주공단周公旦 — 2. 백금伯禽 ─ 3. 고공유考公酉, 999~995

4. 양공희
약公熙, 995~989

5. 유공재
幽公宰, 989~975

6. 위공비
魏公沸, 975~925

7. 여공탁
여公擢, 925~888

8. 헌공구
獻公具, 888~856

9. 진공비
眞公沸, 856~826

10. 무공오
武公敖, 826~817

괄括 ─ 12. 백어伯御, 808~797

11. 의공희懿公戲, 817~808

13. 효공칭
孝公稱, 797~770

14. 혜공불황
惠公不湟, 769~723

15. 은공식
隱公息, 722~712

16. 환공윤
桓公允, 712~694

17. 장공동
莊公同, 694~662

18. 민공개민公開, 662~660

반班

19. 이공신
釐公申, 660~627

20. 문공흥
文公興, 627~609

21. 선공왜
宣公倭, 609~591

22. 성공흑굉
成公黑肱, 591~573

23. 양공오
襄公午, 573~542

훼毀

24. 소공도
昭公도,
542~510

25. 정공송
定公宋,
510~495

26. 애공장
哀公蔣, 495~468

27. 도공령
悼公寧, 468~431

28. 원공가
元公嘉, 431~410

29. 목공현
穆公顯, 410~377

30. 공공분
共公奮, 377~355

31. 강공둔
康公屯, 355~346

32. 경공언
景公匽, 346~317

33. 평공숙
平公叔, 317~295

34. 문공고
文公賈, 295~272

35. 경공수
傾公수, 272~249

• 진(晉)

1. 당숙우唐叔虞 — 2. 진후변晉侯燮 ········ 6. 정후의구 ——— 7. 이후사도 ——
　　　　　　　　　　　　　　　　靖侯宜3, BC 859~841　　이侯司徒, 841~823

┌ 8. 헌후적 ——— 9. 목후비생 ——— 11. 문후구 ——— 12. 소후백 ——
└ 獻侯籍, 823~812　　穆侯費生, 812~785　　文侯仇, 781~746　　昭侯伯, 746~739
　　　　　　　　　　　상숙　　　　　　　　　성사
　　　　　　　　　殤叔, 785~781　　　　成師：桓叔 — 선확
　　　　　　　　　　　　　　　　　　　　　　　　　　선칙

┌ 13. 효후평 ——— 14. 악후극 ——— 15. 애후광 ——— 16. 소자후 ——
└ 孝侯平, 739~724　　鄂侯극, 724~718　　哀侯光, 718~709　　小子侯, 709~706

　　　　　　　　　　　　　　　　　　　　　　　17. 진후민
　　　　　　　　　　　　　　　　　　　　　　　晉侯緡, 706~679

┌ 18. 무공칭 ——— 헌공궤제 ——— 신생申生
└ 武公稱, 679~677　　獻公詭諸, 677~651
　　　　　　　　　　　　　20. 해제　　　　　　　　23. 회공어
　　　　　　　　　　　　　奚齊, 651　　　　　　　懷公圉, 637
　　　　　　　　　　　　　21. 도자
　　　　　　　　　　　　　悼子, 651
　　　　　　　　　　　　　22. 혜공이오惠公夷吾, 651~637
　　　　　　　　　　　　　24. 문공중이文公重耳, 637~628 ——

┌ 27. 성공흑둔 ——— 28. 경공거 ——— 29. 여공수만
│ 成公黑臀, 607~600　　景公據, 600~581　　여公壽曼, 581~573
└ 25. 양공환 ——— 26. 영공이고
　襄公歡, 628~621　　靈公夷皐, 621~607
　　　└ 첩첩 — 담담 — 30. 도공주 ——— 31. 평공표 ——
　　　　　　　　　　悼公周, 573~558　　平公彪, 558~532

┌ 32. 소공이 ——— 33. 경공거질 ——— 34. 정공오 ——— 35. 출공착 ——
└ 昭公夷, 532~526　　頃公去疾, 526~512　　定公午, 512~475　　出公鑿, 475~458
　　　└ 옹옹 ········ 기륜 ——— 36. 애공교哀公驕, 458~440 ——

┌ 37. 유공겹 ——— 38. 열공지 ——— 39. 효공기
└ 幽公겹, 440~422　　烈公止, 422~395　　孝公기, 395~378

└ 40. 정공구주靜公酒, 378~376

• 초(楚)

육웅 ·········· 1. 웅석熊繹 ·········· 9. 웅용熊勇, BC 848~838

├─ 11. 웅상熊霜, 828~822

└─ 10. 웅엄 ──── 12. 웅순 ──── 13. 웅악
　　熊嚴, 838~828　　熊徇, 822~800　　熊咢, 800~791

├─ 14. 약오웅의 ──── 15. 소오웅감 ──── 16. 분모웅순
　若敖熊儀, 791~764　　宵敖熊坎, 764~758　　蚡冒熊煦, 758~741

└─ 17. 무왕통
　　武王通, 741~690

├─ 18. 문왕자 ──── 19. 두오웅간
　　文王貲, 690~677　　杜敖熊艱, 677~672

└─ 20. 성왕혼
　　成王惲, 672~626

├─ 21. 목왕상신 ──── 22. 장왕려 ──── 23. 공왕심
　穆王商臣, 626~614　　莊王侶, 614~591　　共王審, 591~560

├─ 24. 강왕초 ──── 25. 겹오원겹敖員, 545~541
　康王招, 560~545

├─ 26. 영왕위 ──── 태자건太子建 ──── 승승勝
　靈王圍, 541~529

└─ 27. 평왕거 ──── 28. 소왕진 ──── 29. 혜왕장 ──── 30. 간왕중
　平王居, 529~516　　昭王珍, 516~489　　惠王章, 489~432　　簡王中, 432~408

├─ 31. 성왕당 ──── 32. 도왕의 ──── 33. 숙왕장
　聲王當, 408~402　　悼王疑, 402~381　　肅王臧, 381~370

└─ 34. 선왕양부
　　宣王良夫, 370~340

├─ 35. 위왕상 ──── 36. 회왕괴 ──── 37. 경양왕횡
　威王商, 340~329　　懷王槐, 329~299　　頃襄王橫, 299~263

├─ 38. 고열왕원 ──── 39. 유왕한
　考烈王元, 263~238　　幽王悍, 238~228

├─ 41. 부추
　負芻, 228~223

└─ 40. 애왕유
　　哀王猶, 228

• 제(齊)

태공망여상太公望呂尙 — 정공급丁公伋 ┬ 6. 애공부진哀公不辰

                     ├ 7. 헌공산 ─────── 8. 무공수
                         獻公山, BC 860~851   武公壽, 851~825

                     └ 호공정胡公靜

┌ 9. 여공무기 ──── 10. 문공적 ──── 11. 성공탈
  여공無忌, 825~816   文公赤, 816~804   成公脫, 804~795

┌ 12. 장공구 ──── 13. 이공녹보
  莊公購, 795~731   釐公祿甫, 731~698

             ├ 이중년 ──────── 15. 무지
              夷仲年   無知, 686~685

┌ 14. 양공제아 ┬ 17. 무궤無詭, 643
  襄公諸兒, 698~686

├ 규糾   ├ 22. 혜공원 ──── 23. 경공무야
                惠公元, 609~599   頃公無野, 599~582

└ 16. 환공소백 ├ 18. 효공소
  桓公小白, 685~643 孝公昭, 643~633

             ├ 19. 소공반 ──── 20. 사舍, 613
              昭公潘, 633~615

             ├ 21. 의공상인
              懿公商人, 613~609

             └ 옹雍

┌ 24. 영공환 ┬ 25. 장공광
  靈公環, 582~554 莊公光, 554~548

             ├ 아牙

             └ 26. 경공저구 ┬ 27. 안유자차
               景公杵臼, 548~490 晏孺子荼, 490~489

                               └ 28. 도공양생
                                 悼公陽生, 489~485

┌ 29. 간공임
  簡公壬, 485~481

└ 30. 평공오 ──── 31. 선공적 ──── 32. 강공대
  平公驁, 481~456   宣公積, 456~405   康公貸, 405~379

• 연(燕)

소공석召公奭	9. 혜후	10. 이후	11. 경후
	惠侯, BC 865~827	이侯, 827~791	頃侯, 791~767

12. 애후	13. 정후	14. 목후	15. 신후
哀侯, 767~765	鄭侯, 765~729	穆侯, 729~711	宣侯, 711~698

16. 환후	17. 장공	18. 양공	19. 환공
桓侯, 698~691	莊公, 691~658	襄公, 658~618	桓公, 618~602

20. 선공	21. 소공	22. 무공	23. 문공
宣公, 602~587	昭公, 587~574	武公, 574~555	文公, 555~549

24. 의공	25. 혜공	26. 도공	27. 공공
懿公, 549~545	惠公, 545~535	悼公, 535~529	共公, 529~524

28. 평공	29. 간공	30. 헌공	31. 효공
平公, 524~505	簡公, 505~493	獻公, 493~465	孝公, 465~450

32. 성공	33. 민공	34. 이공	35. 환공
成公, 450~434	민公, 434~403	이公, 403~373	桓公, 373~362

36. 문공	37. 역왕	38. 왕쾌	39. 소왕
文公, 362~333	易王, 333~321	王쾌, 321~312	昭王, 312~279

40. 혜왕	41. 무성왕	42. 효왕
惠王, 279~272	武成王, 272~258	孝王, 258~255

43. 왕희	태자단
王喜, 255~222	太子丹

• 전씨(田氏)의 제齊

1. 태공화	2. 후염	3. 환공오	4. 위왕인제
太公和, BC 386~383	侯염, 383~374	桓公午, 374~356	威王因齊, 356~319

5. 선왕벽강	6. 민왕지	7. 양왕법장	8. 왕건
宣王벽彊, 319~301	민王地, 301~283	襄王法章, 283~264	王建, 264~221

영영	문文:맹상군

• 진(秦)

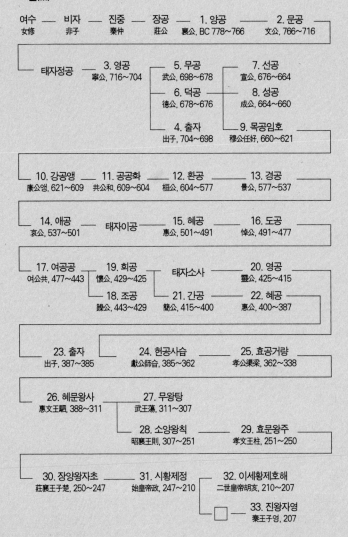

여수 — 비자 — 진중 — 장공 — 1. 양공 ——— 2. 문공
女修　　非子　　秦仲　　莊公　　襄公, BC 778~766　　文公, 766~716

└ 태자정공 —— 3. 영공 ——— 5. 무공 ——— 7. 선공
　　　　　　　寧公, 716~704　　武公, 698~678　　宣公, 676~664

└ 6. 덕공 ——— 8. 성공
　德公, 678~676　　成公, 664~660

└ 4. 출자 ——— 9. 목공임호
　出子, 704~698　　穆公任好, 660~621

└ 10. 강공앵 —— 11. 공공화 —— 12. 환공 —— 13. 경공
　康公罃, 621~609　共公和, 609~604　桓公, 604~577　景公, 577~537

└ 14. 애공 —— 태자이공 —— 15. 혜공 ——— 16. 도공
　哀公, 537~501　　　　　　惠公, 501~491　悼公, 491~477

└ 17. 여공공 —— 19. 회공 —— 태자소사 ——— 20. 영공
　여公共, 477~443　懷公, 429~425　　　　　　靈公, 425~415

└ 18. 조공 —— 21. 간공 ——— 22. 혜공
　躁公, 443~429　簡公, 415~400　惠公, 400~387

└ 23. 출자 — 24. 헌공사습 —— 25. 효공거량
　出子, 387~385　獻公師隰, 385~362　孝公渠梁, 362~338

└ 26. 혜문왕사 — 27. 무왕탕
　惠文王駟, 388~311　武王蕩, 311~307

└ 28. 소양왕칙 ——— 29. 효문왕주
　昭襄王則, 307~251　孝文王柱, 251~250

└ 30. 장양왕자초 — 31. 시황제정 — 32. 이세황제호해
　莊襄王子楚, 250~247　始皇帝政, 247~210　二世皇帝胡亥, 210~207

└ [ ] — 33. 진왕자영
　　　　　秦王子영, 207

• 오吳

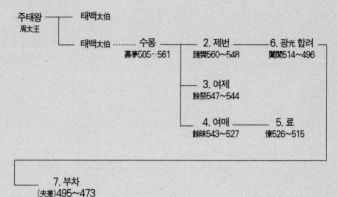

주태왕 ——— 태백太伯
周太王

└── 태백太伯 ········· 수몽 ——— 2. 제번 ——— 6. 광光 합려
壽夢505~561　　諸樊560~548　　闔閭514~496

│

├── 3. 여제
餘祭547~544

└── 4. 여매 ——— 5. 료
餘昧543~527　　僚526~515

└── 7. 부차
(夫差)495~473

• 한(韓)

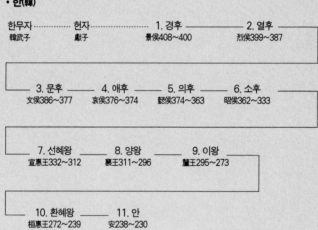

한무자 ············· 헌자 ············· 1. 경후 ——— 2. 열후
韓武子　　　　獻子　　　　　景侯408~400　　烈侯399~387

└── 3. 문후 ——— 4. 애후 ——— 5. 의후 ——— 6. 소후
文侯386~377　　哀侯376~374　　懿侯374~363　　昭侯362~333

└── 7. 선혜왕 ——— 8. 양왕 ——— 9. 이왕
宣惠王332~312　　襄王311~296　　釐王295~273

└── 10. 환혜왕 ——— 11. 안
桓惠王272~239　　安238~230

• **위(魏)**

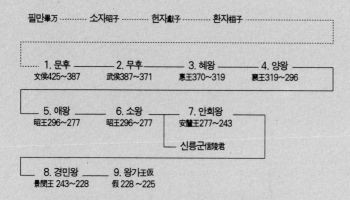

필만畢万 ········· 소자昭子 ··········· 헌자獻子 ··········· 환자桓子 ··········

1. 문후
文侯425~387

2. 무후
武侯387~371

3. 혜왕
惠王370~319

4. 양왕
襄王319~296

5. 애왕
昭王296~277

6. 소왕
昭王296~277

7. 안희왕
安釐王277~243

신릉군信陵君

8. 경민왕
景閔王243~228

9. 왕가王假
假228~225

• **조(趙)**

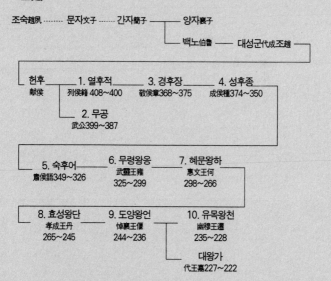

조숙趙夙 ········· 문자文子 ········· 간자簡子 ────── 양자襄子

백노伯魯 ────── 대성군代成趙 ──────

헌후
獻侯

1. 열후적
列侯籍 408~400

3. 경후장
敬侯章368~375

4. 성후종
成侯種374~350

2. 무공
武公399~387

5. 숙후어
肅侯語349~326

6. 무령왕옹
武靈王雍
325~299

7. 혜문왕하
惠文王何
298~266

8. 효성왕단
孝成王丹
265~245

9. 도양왕언
悼襄王偃
244~236

10. 유목왕천
幽穆王遷
235~228

대왕가
代王嘉227~222

277

• 전한

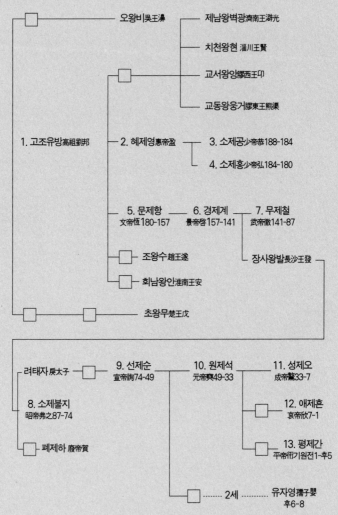

오왕비吳王濞

제남왕벽광濟南王辟光

치천왕현 淄川王賢

교서왕앙膠西王卬

교동왕웅거膠東王熊渠

1. 고조유방高祖劉邦

2. 혜제영惠帝盈

3. 소제공少帝恭188-184

4. 소제홍少帝弘184-180

5. 문제항
文帝恒180-157

6. 경제계
景帝啓157-141

7. 무제철
武帝徹141-87

조왕수趙王遂

회남왕안淮南王安

장사왕발長沙王發

초왕무楚王戊

려태자戾太子

9. 선제순
宣帝詢74-49

10. 원제석
元帝奭49-33

11. 성제오
成帝鷔33-7

8. 소제불지
昭帝弗之87-74

12. 애제흔
哀帝欣7-1

폐제하 廢帝賀

13. 평제간
平帝衎기원전1-후5

2세 .... 유자영孺子嬰
후6-8